"La oportunidad de tratar con adolescentes por treinta años me ha bendecido inmensamente y no conozco otro aspecto más pertinente en la vida de un muchacho que su relación con su padre. Creo que el Dios que todo lo sabe, lo planeó de esta forma y se denominó a sí mismo nuestro Padre celestial para darnos un propósito hacia el cual dirigirnos. No conozco otro equipo padre / hijo que esté mejor preparado que el de Josh y Jim Weidmann para tomar la Palabra de Dios y proporcionarnos un mapa del camino bíblico que nos conduzca hacia la meta..., ¡conociendo que todo sendero por el cual viajemos nos lleva a la cruz!"

JOE WHITE
PRESIDENTE, *KANAKUK KAMPS*

"Asunto de padres. Cuántos pensamientos y esfuerzos invertidos a propósito en nuestro papel estratégico como padres serán reflejados en la vida de nuestros hijos e hijas. Eres lo que tu hijo necesita. Me gusta lo que Josh escribió: 'Tus hijos adolescentes te aman y necesitan de ti en su vida'. En este cálido y personal libro, Josh nos enseña a los padres cómo escuchar y relacionarnos con nuestros hijos. He conocido a Josh por años. Sé de su viaje y usted lo sabrá también".

TIMOTHY SMITH
AUTOR, ORADOR, CONSEJERO FAMILIAR Y PRESIDENTE,
L I F E S K I L L S FOR AMERICAN FA M I L I E S
[HABILIDADES DE LA VIDA PARA LAS FAMILIAS NORTEAMERICANAS]

"¡Relaciones! ¡Relaciones! ¡Relaciones! La conexión de los padres con sus hijos, lleva a estos últimos a relacionarse con su Padre celestial. Cuando esas relaciones palpiten con vida, entonces nuestros hijos, nuestras familias, nuestras iglesias y nuestra cultura darán un giro de 180 grados, en el momento preciso, ni más ni menos. Mis amigos, Jim y Josh demostraron esa relación padre/hijo con Dios y entre ellos. ¡Las lecciones aprendidas en sus relaciones hacen de este libro una lectura obligada para cada padre!"

BARRY ST.CLAIR
FUNDADOR Y PRESIDENTE DE
REACH OUT YOUTH SOLUTIONS
[SOLUCIONES DE ALCANCE A LA JUVENTUD]

"El trabajar directamente con adolescentes e indirectamente para ellos por varias décadas, me convenció, de manera creciente, de que el papel que los padres juegan en la vida de sus hijos es absolutamente fundamental. Pero el exponer el caso a través de la óptica de los adolescentes (y Josh mismo no está muy lejos de sus años juveniles), hace que el mensaje se transmita de una forma más poderosa. ¿Qué les dirían los adolescentes a sus padres si sintieran que estos realmente los van a escuchar? Antes de leer este libro, pensé *¿no sería bueno que los padres que realmente estropean este asunto de la paternidad tuvieran algo que les ayudara en este momento?* Pero cuando me adentré un poco en este libro, me di cuenta de que el mismo está dirigido a todos los padres; no importa cuán bien o mal estén realizando este importantísimo trabajo de criar y educar a hijos e hijas cristianos. Personalmente, a pesar de ser un padre muy práctico, me propuse hacer un mejor papel en la crianza de mis hijos adolescentes".

BOB WALISZEWSKI
ESPECIALISTA EN CULTURA ACERCA DE LOS ADOLESCENTES,
LOS MEDIOS DE COMUNICACIÓN Y LA JUVENTUD

"Al fin, un libro de una juventud articulada y con sentido común acerca de los anhelos y aspiraciones que tienen los adolescentes de una relación cada vez más profunda con sus padres. No puedo pensar en alguien mejor para escribir acerca de esto que Josh Weidmann y su padre Jim. ¡Nos han hecho un gran favor!"

DR. JOSEPH M. STOWELL
EX PRESIDENTE DEL INSTITUTO BÍBLICO MOODY Y PASTOR-MAESTRO
DE LA CAPILLA BÍBLICA HARVEST

Papá, si supieras…

LO QUE LOS ADOLESCENTES QUIEREN DECIRLE A SUS PADRES… PERO NO LO HACEN

Papá, si supieras…

LO QUE LOS ADOLESCENTES QUIEREN DECIRLE A SUS PADRES… PERO NO LO HACEN

Josh Weidmann
con Jim Weidmann

PORTAVOZ

La misión de *Editorial Portavoz* consiste en proporcionar productos de calidad —con integridad y excelencia—, desde una perspectiva bíblica y confiable, que animen a las personas a conocer y servir a Jesucristo.

EDITORIAL PORTAVOZ
P.O. Box 2607
Grand Rapids, Michigan 49501 USA

Visítenos en: www.portavoz.com

ISBN 978-0-8254-1904-1

1 2 3 4 5 edición / año 11 10 09 08 07

Impreso en los Estados Unidos de América
Printed in the United States of America

Papá, te dedico este libro. Desde mis primeros días me animaste a seguir en el camino que debía tomar: Ayudándome a conocer a Cristo crucificado, guardando la Palabra de Dios en mi mente y enseñándome el poder eterno de la oración. Eres mi padre, mi consejero, mi héroe y mi amigo. Gracias por ser un poderoso hombre de Dios y por moldearme para ser igual a ti.

Mami, este libro también es para ti. Gracias por ayudar a papá a ser el padre que es, por ser el latido firme del amor de Cristo en nuestra familia y por darle a mi pasión una meta. Los quiero.

–Josh Weidmann

Quisiera, primeramente, dedicar este libro a mi padre, Larry Weidmann. Una de las influencias más importantes en mi vida fue mi padre. Haciendo de sus hijos una prioridad en su vida fue capaz de ejemplificar lo que es realmente la paternidad cristiana. Este libro es un tributo al legado que ya ha pasado. En segundo lugar, quisiera dedicarlo a mi amorosa esposa. Su amor incondicional y espíritu nutrido han servido para inculcar el fuerte sentido del valor y el entendimiento espiritual para nuestros hijos. Le agradezco a Dios por cuanto ella me completa. En tercer lugar, quisiera ofrecerlo a Josué; su pasión por el Señor es una bendición para mi alma.

—*Jim Weidmann*

Contenido

Prólogo por Josh McDowell

Acerca del primer favor que Josh Weidmann un día me hizo, el cual fue rechazarme.

Fue justo después de los tiroteos en la preparatoria de Columbine en 1999. Josh estaba harto con la respuesta de un estudiante cristiano ante la tragedia y aun cuando yo no lo había conocido todavía, llamé ofreciéndome para hablar.

Josh dio las gracias pero dijo que no. Ellos no quieren realmente hablar con adultos, al menos por ahora. Fueron estudiantes los que murieron en los brazos de sus compañeros. Era la sangre de adolescentes –sus amigos– derramada en los pasillos de la escuela. Con los únicos que ellos querían abrirse, me dijo Josh, eran con otros adolescentes.

Justo allí obtuve una pequeña dosis de la pasión especial de Josh. Tiene un corazón para alcanzar a su generación para Cristo pero no sin antes escuchar cuidadosamente. Eso es lo que hace, tanto como cualquier otro joven que haya conocido. Dondequiera que él hable, por todo el país –concentraciones juveniles, conferencias, asambleas en la preparatoria, festivales musicales, conciertos–, Josh nos da a conocer la esperanza del evangelio para nuestros tiempos. Se da a sí mismo. Y cuando termina, los adolescentes hacen largas colas para hablar con él sobre sus vidas. ¿Qué le dicen? Cosas que ellos no pensarían ni siquiera decirle a cualquier adulto –padre, profesor, pastor– que puedas nombrar.

Este libro, *Papá, si supieras...*, es un reporte auténtico, apasionado y cuidadoso para los padres acerca de lo que Josh está oyendo de sus hijos. En estas páginas, se enterarán de la verdad. Oirán el llanto del corazón de una generación en crisis y comprenderán por dónde comenzar para lograr un efecto dinámico como padres.

No necesito alarmarlos citando estadísticas que indican lo que nuestros adolescentes enfrentan en estos días. Enfrentan presiones y peligros sin precedentes. Un mundo enorme y malo los está acribillando y destrozando. Eso, lo sabemos.

¿Pero realmente conocemos qué necesitan, qué están pidiendo, rogando, de sus padres? ¿Los escuchamos realmente? ¿Sabemos lo que más necesitan de un padre?

Mi amigo, no podemos darnos el lujo de no escucharlos ni responderles. Agregándole un efecto especial a este reporte para los padres está el consejo experimentado de Jim Weidmann, el propio padre de Josh, quien es muy conocido por sus seminarios para padres acerca de los Edificadores de Herencia y su trabajo con Shirley Dobson como codirector del Día Nacional de Oración. Descubrirá su servicial, práctica y experimentada perspectiva en las Escrituras. Y como descubrirá, la relación entre padre e hijo Weidmann es genuinamente respetuosa y afectiva;

¡suficientemente probada desde los años de la adolescencia de Josh que les permiten constar con un gran cúmulo de historias!

Desde nuestro primer encuentro me sentí privilegiado al ocupar el escenario con Josh a un año del tiroteo de Columbine, en el *Open Line Radio* del Instituto Bíblico Moody, frente a más de sesenta mil jóvenes en el espectáculo "Obtén el fuego" celebrado en el *Detroit Silver Dome* y en otros acontecimientos alrededor del país. Lo más importante es que tuve la oportunidad de estar con Josh mano a mano a la hora de cenar o tomar café. Mi conclusión: Él es el hombre.

Por eso creo que el Señor puede usar el libro de los Weidmann con la finalidad de brindar a los padres cristianos las herramientas necesarias para tener éxito en la crianza de sus hijos adolescentes y la motivación para hacerlo, igualmente, de todo corazón. Lo recomiendo de manera especial.

—*Josh McDowell.*

P.D.— En realidad, Josh no me rechazó completamente. Me dio siete minutos. Siete veces sesenta segundos. (Luego me llevó a un lado de la habitación donde tenía un tiempo con los pastores de jóvenes del área.) "¡Tienes que amar a un hijo así!", me dijo.

Prefacio

Papá, quiero mostrarte algo.

Es una fila de adolescentes esperando para conversar. Estos pequeños se parecen bastante a cualquier adolescente de cualquier país. Formaron así, frente a mí, noche tras noche por los seis últimos años, a lo largo de los Estados Unidos. Esta fila se organiza cada vez que termino de hablar en las concentraciones juveniles, asambleas escolares, campamentos y conferencias. Créanme, ellos no están aquí porque yo sea algo muy especial, ni tampoco porque tenga todas las respuestas. Los muchachos solo quieren hablar. Saben que me preocupo por ellos, porque vengo a desafiarlos a conocer y seguir a Jesucristo. Y porque yo –al igual que muchos muchachos de mi pueblo natal en Colorado– experimenté el dolor del incidente en la escuela preparatoria de Columbine de primera mano, ellos saben que puedo relatar los miedos de su generación. Así que, esa es la razón por la que hacen estas filas.

¿Para hablar de qué? Bueno, de las cosas que hacen, que sienten y que piensan. Nadie puede, ni siquiera, soñar las cosas que ellos piensan. Las palabras salen en tropel. A veces los adolescentes hablan en susurros, a veces gritan o sollozan. Mientras hablan, veo algo que emerge una y otra vez: *Lo que me dicen a mí, ellos quisieran realmente poder decírselo a ustedes: Sus padres.*

De seguro que puede ser duro para un adolescente hablar con su padre, y a menudo, no es culpa de los padres en lo absoluto. De hecho, ahora mismo sus hijos pueden actuar o hablar como si ellos no le necesitaran para nada. ¿Alguno de los siguientes puntos describen su relación reciente con sus hijos adolescentes?

- Su hijo adolescente no entabla una conversación con usted hace meses.
- Su hijo adolescente se siente incómodo o se avergüenza cuando lo ven con usted en público.
- Su hijo adolescente cree que su gusto musical, en el vestir y con relación a los amigos, está totalmente pasado de moda.
- Su hijo adolescente prioriza el hacerle saber cuánto no necesita su opinión, ni su consejo, ni su tiempo, ni sus preguntas o quizá (en un día realmente hostil), incluso, ni su dinero.

Lo oigo todo el tiempo, padres: Si un adolescente pudiera decirles cualquier cosa, diría, *papá, te necesito.*

Realmente, si decir esa expresión –*Papá, te necesito*–, les fuera indiferente, creo que los adolescentes la dirían todo el tiempo.

Se la susurrarían al levantarse. Se la enviarían como mensaje a su celular. La gritarían desde las más altas montañas... *¡Papá! ¡Te necesito!*

Pero bueno, me parece que no les es indiferente decirla. Por alguna razón la mayoría de los adolescentes está renuente o avergonzada de hablar con usted: ¡Su propio padre! Quizá teman que usted se ría de ellos o les golpee.

Es por eso que escribí este libro. Soy un mensajero, no un experto; pero amo a esta generación de personas jóvenes y me siento llamado por la gracia de Dios a hacer mi parte. Me convencieron las filas de adolescentes. Si vamos a llamar a los jóvenes a una relación salvadora con su Padre celestial, los ayudaría mucho tener primero una vibrante relación con su padre terrenal.

Mi oración es que el resto del libro que tiene entre sus manos en este momento le ayude a oír lo que sus hijos están diciendo realmente y que les responda con todo su corazón.

–Josh

Introducción

Tus hijos adolescentes están hablando

No hace mucho que estuve hablando en una escuela secundaria en el Sur. Justo en el medio de mi charla en el viejo auditorio del teatro de la escuela, escuché un grito confuso desde la platea. Era la voz de una muchacha que decía algo como esto: *"No lo harán"*.

No la entendí bien, así que frente a todos me detuve y le pregunté qué había dicho. Se agachó e ignoró mi pregunta y sin saber qué hacer, decidí seguir con el resto del discurso. Luego, el director de la escuela me llevó a un lado y se disculpó por lo sucedido.

"¡Ella tiene realmente mala vida en el hogar!", dijo. "No creo que tenga muchos amigos en la escuela. Sus profesores me dicen que la pasa mal en clases..." A mitad de la oración, sus ojos miraron hacia otro lugar. Pude advertir por su mirada que alguien estaba parado detrás de mí. Me di vuelta y me encontré con *aquella* muchacha. Abrió su boca pero no dijo nada, luego corrió en dirección de los baños. La llamé. El director me ofreció su oficina y antes de sentarnos, ella comenzó a llorar.

—Nadie me ama —dijo entre sollozos. Estaba asombrado por la forma tan rápida con la que ella fue al centro del asunto.

—¿Qué quieres decir con que nadie te ama? —pregunté—. Seguramente alguien te ama.

—Mi papá me odia —dijo—. Es muy duro conmigo. Ni siquiera se da cuenta cuando estamos en la misma habitación. Mi papá me dice en mi cara que soy el mayor desastre de su vida.

La muchacha se subió las mangas para mostrarme unas grandes marcas rojas y negras en sus brazos. La noche anterior se había cortado las venas de sus brazos y se pegó a sí misma con una varilla de metal caliente. No estaba bromeando. Me parecía difícil seguir respirando. Necesitaba más ayuda de la que le podía brindar en un pequeño espacio de tiempo pero quería aclarar algo.

"¿Qué gritaste desde la platea?", pregunté. Gritó justo cuando estaba diciendo al cuerpo de estudiantes que debían alcanzar a aquellos muchachos que eran rechazados.

"Soy uno de esos muchachos acerca de los cuales estaba usted hablando", susurró. "Soy una de esas personas que nadie acepta. Yo grité: '¡Ellos no lo harán!', porque sé que ellos no quieren tendernos la mano. *Nadie jamás lo ha hecho por mí*".

Cómo quisiera poder decir que la historia de esta muchacha no es común.

Cerca de un mes después estaba hablando en una conferencia de fin de semana para la juventud. Una noche un chico de primaria me contó acerca de cómo su papá le decía una y otra vez que él era solo un gran error. El chico levantó la parte delantera de su camisa para mostrarme su pecho. De un extremo al otro de su piel tenía muchas listas rojas. No había visto antes nada igual.

—Mi papá dijo que yo era solo un enorme error que era necesario borrar —dijo—. Así que tomé una goma de lápiz y traté de borrarme.

Esto era nuevo para mí. Oré para que Dios me diera las palabras exactas al hablar.

Mi papá dijo que yo era solo un enorme error que era necesario borrar

—¿De veras piensas que te puedes deshacer de ti mismo con la goma de un lápiz?

—No —dijo en voz baja—. Solo esperaba que mi papá notara las marcas y me diera alguna atención". Estuvimos parados allí unos pocos minutos en silencio. Finalmente, tuve el coraje para preguntarle.

—¿Funcionó? Quiero decir, ¿lo notó tu papá?

—No.

Quizá estos sean ejemplos extremos en comparación con lo que está experimentando en su hogar pero los temas son más comunes de lo que pueda pensar. Lo que vi a lo largo y ancho del país fue: Cuando los adolescentes buscan la aprobación y el amor de sus padres –particularmente de sus papás–, van a los extremos para conseguirlo. Si ellos no consiguen tener la atención de sus padres, van a dondequiera para satisfacer sus necesidades y a lo largo del camino las señales aparecerán. Puede que sus adolescentes no estén cortándose las venas o estén tomando la goma de un lápiz para borrarse a sí mismos. Tal vez están rompiendo los límites impuestos, poniéndose aretes o zarcillos en la lengua o llevando un vestido muy corto que ustedes desaprueban. Los adolescentes usarán cualquier cosa que puedan para conseguir la atención de sus padres. Algunas veces los adolescentes me cuentan que sus padres simplemente describen este tipo de conducta como "atravesar una etapa de rebeldía". Pero según la mayoría de las charlas que tuve con los adolescentes, no creo que el reto sea la esencia del asunto. Creo que el tema redunda en un clamor por la atención.

Los adolescentes usarán cualquier cosa que puedan para conseguir la atención de sus padres

¿Perciben buenas noticias en esto? Escuchar el clamor de sus hijos adolescentes es una oportunidad para un padre. Probablemente la persona más influyente en la vida de un adolescente, para bien o para mal, es su padre. ¡Es por eso que estoy escribiendo este libro! Los adolescentes quieren que ustedes sepan: "Papá, te necesito". Es tan simple y a la vez tan importante.

Columbine en el vecindario

En muchas maneras mi ministerio, en estos momentos, es el de escuchar. Pero yo no lo dispuse de esta forma para que esto sucediera. Dios usó una terrible tragedia para traerme a este lugar.

El 20 de abril de 1999 era un cálido día de primavera en Littleton, Colorado. Era un estudiante en la Escuela Preparatoria Arapahoe, sentado en una clase de habilidades de la vida donde un orador invitado, el jefe de la policía del condado, estaba hablándonos acerca de los peligros de beber y manejar. Nuestro vicedirector normalmente impartía la clase pero por alguna razón aquel día pude verlo a través de la ventana caminando por el pasillo.

Contar cuántas veces el vicedirector pasaba por frente a la ventana se convirtió en un juego para mí. Cinco, seis, siete... cielos, debía estar pasando algo. Ocho, nueve, diez... Parecía más preocupado de lo que normalmente estaba. Once, doce, trece... Recuerdo que seguía contando cuando pasaba haciendo marcas en mi libreta.

Catorce, quince y se detuvo. Fue como si finalmente encontrara las palabras que estaba buscando. De pronto, nuestro vicedirector irrumpió en nuestra aula. Recuerdo su declaración exactamente.

"Hubo un tiroteo en la escuela secundaria de Columbine", dijo con lágrimas y terror en sus ojos. "Dicen que hombres armados vienen hacia aquí".

Columbine estaba a algo más de seis kilómetros de mi escuela secundaria. Los muchachos de Columbine eran nuestros vecinos, con los que jugábamos en los equipos de deportes de nuestra comunidad, los mismos que fueron con nosotros a la escuela primaria. Nuestras escuelas tenían una enorme pero bien intencionada rivalidad con respecto al fútbol. La mayoría de nosotros conocía a alguien en Columbine.

Todos los muchachos alrededor mío comenzaron a llorar. Estábamos en el segundo piso y recuerdo que me preguntaba cómo íbamos a hacer esto a un lado. Mi escuela inmediatamente cerró, de tal manera que nadie pudiera entrar ni salir del edificio. Nuestro director fue al altavoz y dio más detalles. Pronto nos retiramos escaleras abajo y todos los estudiantes fueron hacia la cafetería, donde los profesores estaban poniendo una fila de televisores uno encima del otro. Afuera pude ver una larga línea de autos de los padres dirigiéndose, a toda prisa, hacia nuestra escuela.

Recuerdo que podía reconocer algunos rostros en las pantallas de los televisores; rostros que conocía. Vi a mi amigo Craig Nason huir de Columbine junto con otros estudiantes desesperados, con las manos detrás de sus cabezas para que no fueran confundidos con los pistoleros. Craig era el líder del grupo de oración de la escuela secundaria de Columbine y era además parte de un movimiento que ayudé a comenzar un año antes llamado *Revival Generation* [Generación del avivamiento], un puñado de estudiantes que se propusieron como meta el comenzar grupos de oración en cada escuela secundaria de Littleton. Para ese entonces, ellos habían establecido treinta y cinco grupos a todo lo largo y ancho de Colorado, así como en otros estados. Aquel día recuerdo que oré por Craig como nunca antes lo hice.

Es extraño, las frases y acciones que vienen a ti en tiempos de crisis. Mientras mirábamos las pantallas de los televisores, recuerdo que dije de forma abrupta: "¡Tenemos que orar ahora mismo!" Allí en la cafetería de una escuela secundaria pública, en medio de todos los dos mil estudiantes, unos pocos cientos de estudiantes así como el personal de la escuela pusieron sus manos sobre los hombros de cada uno y formaron el círculo de oración más grande que jamás vi dentro de las paredes de nuestro colegio. Alguien preguntó si lo que estábamos haciendo era legal. Alguien dijo también: "A quién le importa, nuestros amigos están siendo baleados".

Aquel día fue un día de horror y confusión. Más tarde conoceríamos que aquellos dos adolescentes, Eric Harris y

Dylan Klebold, continuaron tiroteando y arrasando dentro de la escuela. Mataron a doce estudiantes y a un profesor antes de suicidarse. Otros veinticuatro estudiantes y profesores resultaron heridos. Hoy, la masacre de Columbine es considerada el peor tiroteo de la historia de los Estados Unidos en una escuela. Para mí, así como para muchos otros, aquel día es solo un enorme punto oscuro en nuestra memoria.

En el período subsiguiente, se hicieron tantas preguntas, incluso, la razón que motivó a los asesinos a hacer esto y si se podía haber hecho algo para prevenir el delito. La mañana siguiente, el teléfono en la casa de mis padres sonó a las 7 de la mañana. De alguna manera, la noticia acerca de *Revival Generation* [Generación del avivamiento] había salido a los medios de comunicación. De cómo un grupo de adolescentes en la misma ciudad de los tiroteos de Columbine formaron grupos de oración. El teléfono sonó durante todo el día y por varias semanas. Miembros de nuestro grupo, incluyéndome a mí, terminamos hablando para el *Newsweek*, el *Time*, el *Oprah*, *CBS*, *NBC*, *ABC*, el *Nightline*, un programa de noticias de Alemania. En general, cuarenta apariciones en los medios de comunicación.

Los temas de discusión iban desde camarillas sociales en la escuela media hasta los sentimientos de impotencia, inseguridad y depresión entre los adolescentes. Siempre alguien de nuestro grupo expresaba: Queremos que las personas sepan que cualesquiera que fuesen las razones de este horror, todavía hay esperanza en el mundo, y que esta esperanza se encontraba en Jesucristo.

Aquellos fueron días de una enorme tristeza para mis amigos y para mí, a pesar de toda la agitación Todo el mundo caminaba como en una neblina. También creo que el Señor habló a través de un puñado de adolescentes comprometidos durante ese tiempo. Dos amigos míos desde el cuarto grado, los hermanos Steve y Jon Cohen, junto con su joven pastor Andy Millar, escribieron y cantaron una canción llamada: "Mi amigo Columbine" en un amplio servicio conmemorativo celebrado en la comunidad días después de los tiroteos. (El vicepresidente Al Gore, Franklin Graham, Michael W. Smith y Amy Grant estaban presentes.)

La canción de los Cohen hablaba acerca de cómo las armas podían poner fin a los sueños pero cómo la paz y la esperanza podían encontrarse en Jesucristo. Jon, Steve, yo mismo y nuestros amigos fuimos un instrumento de Dios de una manera grandiosa y humilde. El reportero Jean Torkelson del *Denver Rocky Mountain News* lo expresó de esta manera: "Cuando los dos asesinos abrieron su caja de Pandora de horrores parecía que habían provocado una revolución cristiana sin intención alguna".

Dios está continuamente enseñándome la importancia de la disponibilidad. Mientras su Espíritu se mueve dentro de mi generación, ha sido bueno ver cómo Él puede tomar una persona insignificante como yo y usarme de formas tan relevantes. Desde la tragedia de Columbine, Dios me abrió puertas para hablar a la juventud alrededor del país como promedio dos veces al mes. Las puertas sencillamente se abrieron una tras otra y respondí en fe. A veces un poco loco. En algunas ocasiones estoy abrumado. Desde los sucesos de Columbine, he hablado en la *DCLA 2000*

Parecía que habían provocado una revolución cristiana sin intención alguna y en el *Creation Fest* [Festival creación] en ambas costas, con la Asociación Billy Graham, en Enfoque a la familia, en Extiende tu mano, Primera prioridad y en Juventud para Cristo. Fui el orador principal en la Conferencia de la Juventud Bautista de Luisiana y en las Reuniones de Juventud Metodista Unida de Indiana y Wisconsin.

Dondequiera que voy, hablo con el único propósito de ayudar a los estudiantes a conocer a Dios para que ellos puedan proclamarlo. Hablar en los acontecimientos es cosa de Dios. No se trata de mí en lo absoluto. Soy un muchacho en muchas maneras. En cuanto a la escritura de este libro, soy estudiante del último año del Instituto Bíblico Moody en Chicago. El llamado de Dios me humilla cada vez que me paro sobre un escenario.

Quiero que sepa ante todo que este no es un libro donde me propongo dar ningún consejo acerca de la crianza de los hijos. En este momento tengo 23 años, no soy padre y no tengo intenciones de escribir un libro acerca de algo que no haya experimentado aún. Este libro trata acerca de *lo que los adolescentes me dicen*. Escuchará acerca de adolescentes reales. Algunas veces se cambiaron sus nombres si el asunto era confidencial pero cada historia que cuento aquí es real. Mientras hablo con los adolescentes, ellos me cuentan. Y lo que tienen que decir es tan importante que quiero que usted también lo oiga.

De vez en cuando en los capítulos que siguen, voy a entrelazar algunos pensamientos de mi padre, Jim Weidmann. Mi padre es el *The Family Night Guy* [Personaje de la noche de la familia], un programa de radio sobre la crianza de los hijos transmitido en alrededor de trescientas emisoras a lo largo de todo el país. También sirve como director ejecutivo del Ministerio de

Edificadores de Herencia, un servicio de desarrollo, educación y salud para padres, del programa Enfoque a la familia. Él y mi madre Janet tienen cuatro hijos: Mi hermano Jake, mis hermanas Janae y Joy y yo. De ellos yo soy el mayor. Amo y respeto mucho a mi padre y verdaderamente creo que si hay alguien que sepa acerca de la crianza de los hijos, ese es él.

Papá, su hijo adolescente lo necesita

Piense en mí como un joven reportero, que le cuenta lo que ha visto y oído en la primera línea de los adolescentes a los cuales cuidamos tan profundamente. En los capítulos que siguen, le contaré lo bueno y lo malo de esto, porque creo que los padres sí quieren escuchar lo que los adolescentes están diciendo. De hecho, creo que deben oír, porque lo que estoy escuchando es absolutamente vital para el éxito de todo padre.

Padres, este es un libro en el cual ustedes tienen que escuchar a escondidas al adolescente que aman tanto, o al cual piensan que quieren mucho. La realidad de lo que estoy oyendo es esta: Papá, no importa cuán frustrado se sienta hoy, nadie puede reemplazarle en la vida de su hijo adolescente.

Sé que satisfacer las necesidades de los adolescentes no siempre resulta ser tan sencillo. A menudo, esto implica *dolor*, requiere *oración*, solo llega a través de la *paciencia* y significa que los padres deben ser persistentes; pero las recompensas en cuanto a las relaciones familiares y al futuro de sus hijos adolescentes son grandiosas, incluso, eternas.

Si usted cree que esto vale la pena, le invito a que continúe leyendo.

1

Dos palabras para comenzar
"Papá, por favor, dime que me amas"

Enterrado en alguna parte de los clasificados, entre "Autos a la venta" y "Apartamentos para alquilar", estaba un cuadrado pequeño que sacudiría a la ciudad de Madrid.

El anuncio decía:

> Paco, todo está olvidado, por favor vuelve a casa. Nos vemos en los escalones de la oficina de este periódico el lunes a las 4 de la tarde. Te amo, Papá.

Puede suponer el contexto en el cual fue hecho el anuncio por lo que este dice y por lo que no dice. Fue escrito por un padre español en enfrentamiento con su hijo. El hijo se rebeló y dejó el hogar. El padre se sentía mal, quería a su hijo de vuelta pero no sabía dónde estaba o cómo comunicarse con él. Así que puso este anuncio en el periódico.

La historia continuó así, cuando el padre asistió el lunes a la cita anunciada en el periódico cerca de las 4 de la tarde, no se encontró con su hijo, sino con un mar de rostros que también buscaban.

Cerca de doscientos jóvenes que se llamaban Paco habían acudido y cada uno de ellos esperaba que fuera su padre quien hubiera escrito el anuncio y expresado su amor.

Todo comenzó aquí

¿Cuál es la primera y absoluta cosa que los adolescentes quieren decir a sus padres (pero no lo hacen)? Es esta: *Papá, dime que me amas.* Suena sencillo ¿No es así? Casi muy simple. Pero es una enorme verdad.

"Te amo" fue la primera frase que aprendí cuando era un niño. Ese fue el tipo de hogar en el cual crecí. Cuando me levantaba en la mañana, cuando iba a la cama, cuando iba a la escuela, mis padres —mi papá en particular— me decían que me amaban y aprendí a decirlo como respuesta. Cuando era adolescente, al final de cada llamada telefónica o cuando me iba de casa, siempre decía a mis padres que los amaba. Ellos respondían: "Te amamos también". A veces se siente un poco raro, particularmente cuando mis amigos estaban presentes pero decirle a mi padre que lo amaba era algo que solo hacía. Algunas veces cuando recuerdo los últimos años de mi adolescencia, un amigo me dijo que estaba muy mayor para decirle eso a mi padre pero no me importaba. Papá hizo un hábito de decirme que me amaba y yo le decía lo mismo. Era algo que no íbamos a cambiar nunca.

Aquí está la cosa curiosa. Los adolescentes con los cuales hablé rara vez me dicen directamente, que quieren que sus padres les digan que los aman. Lo dicen en un código inverso, como este:

Jenna, una muchacha de quince años que **Papá hizo**
conocí después de una charla en Carolina **un hábito de**
del Norte dijo: "Mi padre no me dice que me **decirme que**
ama desde que yo era una niña. No podría **me amaba**
nunca ser clara y decir: 'Papá, necesito tu
amor', pero por momentos todavía le digo
que lo amo, esperando a que él responda lo mismo".

Verá, en la charla de un adolescente: "Te amo, papá" es más que una declaración. Es una cuestión más profunda. "Papá, ¿me amas?" Y ellos están esperando ansiosamente que usted responda en palabras y hechos: "¡También te amo!"

Colton, un chico de dieciséis años de Illinois, me dijo esto: "Mi mamá me dice todo el tiempo que me ama. Mi papá lo demuestra más de lo que lo dice: Él y yo vamos a correr cada noche después que él regresa del trabajo. Aún desearía que me dijera que me ama".

Los adolescentes necesitan oír las palabras

Los adolescentes me dicen que no es tan extraño para sus madres decir: "Te amo" pero los padres son otra historia. Quizá podríamos culpar a la definición de masculinidad de nuestra cultura. Cuando un chico alcanza la madurez, se supone que la palabra *amor* es algo solo para las madres o tal vez para una novia si es algo serio. Los amigos ciertamente no hablan acerca del *amor* con otros amigos en el vestíbulo y si un amigo quiere decirle a otro que significa mucho para él, tardará mucho en decírselo. Los padres no son la excepción.

Descubrí que en las chicas esto es diferente. A ellas les

encanta amar. Es más fácil para una joven expresar su aprecio y compromiso con sus padres, abuelos y amigas diciendo: "Te amo".

Pero ¿sabe qué? Muchas muchachas me cuentan que sus papás *nunca* les dicen que las aman o que no les han dicho esto desde que eran pequeñas. Es como si algunos papás hubiesen caído dentro de una trampa tendida por la clasificación de hombre que tiene la sociedad cuando se va a decir la palabra *amor*, aún cuando esta palabra está relacionada con sus hijos. Tan pronto como su hija se convierte en mujer o su hijo en hombre, los papás no se sienten cómodos diciendo: "Te amo".

La verdad es que su hijo adolescente es aún un chico por dentro y –él o ella– está enfrentando los mayores retos de su vida. Necesitan saber *más que nunca* que usted los ama.

¿Difícil? Quizá
¿Esencial? Absolutamente

Tal vez no le ha dicho durante un tiempo a su hijo e hija adolescente que lo o la ama. Todo padre tiene la habilidad para decir una maldición o una bendición en la vida de sus hijos.

Mi padre lo veía de esta forma en uno de sus seminarios acerca de la crianza de los hijos:

Como padres debemos decir a nuestros hijos adolescentes que los amamos y respaldar esto con nuestras acciones. Nosotros, padres, necesitamos conocer qué poder increíble poseemos en esta área. Todo padre tiene la habilidad de decir una bendición o una maldición en la vida de sus hijos. Las estadísticas dicen que a la mayoría de los prisioneros varones rara vez les dijeron que los amaban. ¡Al contrario, sus padres decían que serían un fracaso en la vida! Vaya ejemplo de decir una maldición.

En sus seminarios, papá recordaba a los padres que cuando el amor no se expresa "el silencio comunica confusión". Cuando se les permite a los adolescentes llenar los espacios en blanco, a menudo no llegan a alcanzar sentimientos de aceptación y seguridad. Es por eso que él y mi madre se propusieron como meta decirnos regularmente, a mi hermano, a mis hermanas y a mí que nos amaban. Lo dicen todo el tiempo, varias veces en el día. Ellos simplemente lo entrelazan con el ir y venir de la vida diaria.

Si no es muy comunicativo, puede parecer un gran salto para usted. Pero puede comenzar con uno más pequeño como:

- Dígalo cuando va para al trabajo en la mañana.
- Escríbalo en la tarjeta de cumpleaños.
- Póngalo en una nota en el refrigerador.
- Dígalo cuando cuelgue el teléfono.
- Mándeselo en un correo electrónico a su hijo o hija.
- Dígaselo a sus hijos adolescentes cuando vayan a una cita.
- Dígale a sus hijos adolescentes que usted los ama cuando vayan a dormir en la noche.

Créame, mi padre no es una de esas personas muy efusivas. Esto nunca le resultó fácil de hacer.

"Tal vez usted no creció con la frase 'te amo' como una parte de su conversación familiar", mi padre decía en una de sus charlas. "Mi antecedente está en la Fuerza Aérea y en el mundo de los negocios. Esos son dos círculos en los cuales los hombres, rara vez, son animados a expresar sus sentimientos. Pero ahora es el momento de comenzar. Padres, díganles a sus hijos adolescentes que los aman. Dígalo, dígalo, dígalo y dígalo otra vez. Sus hijos adolescentes pueden darle un sinnúmero de respuestas cuando lo haga pero, en el fondo, eso es lo que absolutamente necesitan oír".

Una herida para la vida

¿Qué pasará si un padre no le dice a sus hijos adolescentes que los ama? Los muchachos y muchachas me cuentan cosas diferentes en cuanto a esto.

La necesidad de una hija en cuanto al amor de su padre se puede percibir a través de su anhelo por sentirse aprobada. Mientras escribía este libro, terminaba de viajar por unas siete semanas hablando en campamentos para jóvenes a lo largo de los Estados Unidos. Cuando hacía una retrospectiva de mi viaje recordaba mis conversaciones, el asunto número uno que oí de las adolescentes fue que ellas tenían problemas con desórdenes en la alimentación.

Las estadísticas muestran que una de cada cuatro muchachas se priva de comer o vomitan todo lo que comen porque están preocupadas con relación a su apariencia. Sin embargo, en mis siete semanas de viaje descubrí que *todas* las muchachas con las que hablé tenían alguna clase de desorden en la alimentación, ya sea anorexia o bulimia. No podía creer que el número fuera tan grande. En mis conversaciones con estas muchachas, comencé a buscar la raíz de sus problemas.

Ellas anhelaban aprobación de sus padres

¿Había alguna comodidad que ellas sintieran en los desórdenes de alimentación? ¿Una necesidad de control? ¿Era una forma de superar algo hiriente en su pasado? ¿Era una falta de aprobación lo que sentían de los muchachos?

La respuesta es sí a todas las preguntas hechas anteriormente, las muchachas me lo dijeron. Pero mientras continué buscando, en la raíz del problema descubrí que ellas anhelaban aprobación de sus padres. Su necesidad de controlarse al comer nacía de una carencia de confianza y valoración de aquellos a los cuales amaban.

Por años nadie les mostró su verdadero valor y las aceptó. Mientras que una tras otra hablaba conmigo, una vez que removía la capa de dolor que cubría sus corazones, preguntaba: "¿Cómo es tu relación con tu padre?" La respuesta siempre era: "Mínima o ninguna".

Mi objetivo no es culpar a los padres por la gran cantidad de desórdenes en la alimentación existentes en las adolescentes. Es un asunto complicado. Mi objetivo es comunicarles lo que escuché de las adolescentes con las que hablé, pero una hiriente o inexistente relación con los padres surgía en cada conversación.

La necesidad que tiene un hijo del amor de su padre puede ser vista a través de su búsqueda de aceptación y orientación.

Tengo un amigo que ha estado yendo a la deriva en estos cuatro últimos años. Lo irónico es que seis años atrás usted podría pensar que este muchacho podía sacudir el mundo. Llamémoslo Pródigo.

Pródigo se convirtió en un líder destacadísimo en la escuela secundaria y luego asistió a un colegio bíblico para ser pastor. Ahora Pródigo pasa la mayor parte de su tiempo en una vieja casa móvil en un estacionamiento en una gran tienda por departamentos. Le pregunté varias veces por qué eligió el camino por el cual estaba transitando en su vida y básicamente todo se resume en la relación que tenía con su padre.

En el pensamiento de Pródigo, su padre expresaba un gran amor por su hermano pero no por él. Mientras Pródigo crecía, obtenía buenas calificaciones, ingresaba en clubes y no se metía en problemas, su hermano comenzó a fumar marihuana y a andar con malos amigos. Muchas veces le dijeron a su hermano que lo amaban pero a Pródigo no. Cuando este último se unió a una banda con sus amigos en la escuela secundaria, su padre le dijo que era una pérdida de tiempo. El padre de Pródigo tenía grandes esperanzas para él en el mundo de los negocios. Pródigo tendría éxito. Pero los sueños de Pródigo no eran los mismos que los de su padre.

Cuando le pregunté acerca de por qué no dejaba su casa móvil, Pródigo dijo: "Porque mi padre ganará". Hoy día Pródigo tiene un dolor tan profundo dentro de él, que afecta la forma de verse a sí mismo y al mundo. Lucha una batalla diaria a partir de una herida ocasionada por el hombre más influyente en su vida.

En su libro *Wild at Heart* [Salvaje de corazón], John Eldridge habla acerca de esta herida que es el resultado de una falta de aprobación de los padres con relación a quién es o no su hijo. De seguro los padres tienen sueños para sus hijos pero los adolescentes me cuentan que es crucial que sus padres les guíen hacia lo que *ellos* quieren ser y no hacia lo que sus padres quieren que ellos sean. Decirles "Te amo", tener una actitud de aprobación hacia ellos y contar con la guía de ustedes, van de la mano. Como Eldridge apunta, esta bendición en el desarrollo de un adolescente debe provenir de su padre. Cuando esto no sucede, el adolescente se dedica a sobre compensar y a luchar constantemente para escapar de la sombra del mensaje negativo enterrado en su corazón.

Esta bendición en el desarrollo de un adolescente debe provenir de su padre

Sí, un padre se enfrenta con la difícil tarea de mostrar aprobación, de aceptar a la persona en la que se está convirtiendo su hijo o hija, aun si no es la persona que los padres soñaron que sería. Esta es la forma en la que mi padre crió a sus cuatro hijos:

"Los hijos necesitan ser afirmados sobre lo que ellos son, necesitan que se les dé una visión sobre lo que ellos pueden llegar a ser y necesitan ser estimulados sobre cómo usted pudiera verlos afectando al mundo", papá dice. "Las hijas necesitan que se les afirme en lo que son, que se les dé una visión de lo que ellas pueden llegar a ser, que se les diga que son atractivas; tan atractivas que hay un príncipe esperando para amarlas por siempre. Cuando les digo a mis dos hijos que los amo, también me aseguro que sepan que creo en ellos. Con mis dos hijas, mi amor comunica cuánto valen para mí".

He aquí un pasaje favorito mío que los Edificadores de Herencia usan mucho también. El apóstol Pablo manda a los maridos a amar a sus esposas pero no nos manda a hacer lo mismo con nuestros hijos. En vez de eso, define el amor del padre hacia el hijo de otra forma. En Efesios 6:4, se les dice a los padres que "no provoquen a ira a sus hijos". Provocar significa frustrar. Cuando usted frustra a sus hijos adolescentes, comienza a hacerlos a un lado y ellos se cerrarán. Este es el resultado opuesto al que usted desea. Los padres dicen que es fácil enojarse con sus hijos adolescentes cuando estos hacen cosas que ellos no quieren que los mismos hagan pero como los adolescentes naturalmente tratan de desplegar sus alas, creo que las Escrituras nos muestran que es mejor no sobreprotegerlos en un esfuerzo por mostrarles su amor.

Tim Smith en su libro *The Seven Cries of Today's Teen* [Los siete clamores de los adolescentes de hoy], identifica cinco formas para hacer enojar o provocar a ira a un adolescente:

1. Enjuiciarlos por la apariencia o por lo que los medios de comunicación dicen que ellos se parecen.
2. El sarcasmo y el desprecio.
3. Esperar que los adolescentes actúen como adultos porque parecen adultos.
4. Minimizar los sentimientos.
5. Suponer que lo que funcionaba con ellos cuando eran niños, funcionará ahora que son adolescentes.

Todos estos son mensajes negativos que nos dicen: "No te amo". Su papel como padre es invertir la tendencia. Una forma para comenzar es diciendo a sus hijos adolescentes que los ama, aun cuando usted no se sienta cómodo diciéndolo.

Las palabras que los adolescentes anhelan escuchar

Es una bendición para mí decir que mi padre y yo tenemos una gran relación. Él está a mi lado, no detrás de mí; pero no siempre está de acuerdo conmigo. Una de las áreas donde teníamos discrepancias era en mis calificaciones. Lo admitiré, nunca estuve tan concentrado en la escuela como debía de estarlo. Siempre tenía muchas cosas que hacer. En mi último año de escuela secundaria, ayudé a guiar y a hablar en doce acontecimientos evangelísticos coordinados para estudiantes. Estaba tan ocupado que casi no me gradúo.

La graduación dependía de una clase. No podía concentrarme en nada de la materia. Mi padre me sentó una noche y me hizo firmar un contrato. Tenía que pasar completamente esa clase, aun si esto significara menos tiempo para dedicarle a otras cosas. Él y yo tuvimos una charla extensa aquella noche sobre lo que era más importante en la vida. No concordamos en todo pero lo recuerdo muy bien diciéndome algo otra vez al final de la charla: "Josh", dijo, "¡te amo!"

Aquellas palabras significaron mucho para mí. Estudié y obtuve lo suficiente para aprobar con el mínimo. Y el día de la graduación sostuve mi diploma en alto y grité: "¡Esto es por ti, papá!"

Padres, no siempre pueden estar de

Dígales que usted los ama. Dígalo, dígalo y dígalo

acuerdo con las direcciones que sus hijos e hijas tomen en sus vidas pero por favor, sigan diciéndoles las palabras que traen vida y sanidad a sus almas.

Dígales que usted los ama. Dígalo, dígalo y dígalo. Esas palabras del título lo cambian todo.

PADRES EN ACCIÓN

Una lista de verificación para el capítulo "Dime que me amas"

✔ Recuerde que "Papá, te amo" también significa "Papá, ¿me amas?"

✔ ¡No tengo que ser muy efusivo! (Exprese el amor de forma natural.)

✔ Encuentre formas diarias y pequeñas para expresar amor.

✔ Las tres A para los padres, cuando sea posible, brinde: Aprobación, afirmación y afecto.

✔ No critique. Elimine el sarcasmo.

✔ "¡Te amo!" ¡Dígalo, dígalo, dígalo!

2

Un **extraño** tipo de amor

"Papá, ámame con acciones, no solo con palabras".

Últimamente, una serie de comerciales televisivos muestra un extraño tipo de amor. Uno presenta a un grupo de adolescentes que están en un sótano preparándose para fumar marihuana. En la parte final del comercial, un adolescente abre la caja donde esconde la marihuana y encuentra solo una nota que dice: "Necesitamos hablar (mamá)". En otro, un muchacho se despierta con una resaca después de una noche de fiesta. Este mira hacia el espejo y encuentra: "¡Tiempo de hablar! (papá)", garabateado en su frente. El eslogan de los dos comerciales es: "Los padres: Los antidrogas". Estos comerciales muestran la segunda cosa que los adolescentes quieren decirles a sus padres (pero no lo hacen): *Papá, necesito que me ames con acciones, no solo con palabras.*

Poner límites a los adolescentes es una forma de amar con acciones. Los adolescentes me cuentan que aun cuando sus padres les ponen los pies sobre la tierra o cuando se les quita algo por una semana o dos, en lo más profundo, ellos agradecen la atención positiva. ¿No es, de esta forma, como trabaja Dios con nosotros? Se nos dice en la Biblia que Dios disciplina a aquellos a quienes ama y castiga a los que Él acepta como hijos (He. 12:6). Dios muestra su amor involucrándose en nuestras vidas. De forma similar, cuando los padres dan libertad y la asocian con la guía, los adolescentes sienten su amor pero mucha libertad hace que ellos crean que sus padres los abandonaron. Cuando los adolescentes sienten como si sus padres se hubieran dado por vencido con respecto a ellos, entonces se dan por vencido con ellos mismos.

Esta generación tiene gran necesidad de padres que les brinden afecto de una forma correcta

Para un padre decirle a su hijo adolescente: "Te amo" y luego respaldar esto con acciones, es uno de los más grandiosos regalos que puede dar. Mi generación tiene gran necesidad de padres que les brinden afecto de una forma correcta, así ellos podrían conocer cuando el mundo los ama de forma incorrecta. Sé que esto es verdad: Si los adolescentes no reciben el amor que necesitan, ellos lo buscan intencionalmente dondequiera que puedan encontrarlo. Los resultados a menudo son desgarradores.

La historia de Cecilia

Una muchacha llamada Cecilia esperaba para hablarme una noche después que terminé de predicar en una convención de juventud. Estaba parada con los brazos cruzados, como abrazándose a sí misma, como si tuviera frío o miedo. Aquella noche prediqué sobre el amor de Dios y cómo podíamos amar a Dios dándole nuestra fe. Le pregunté si había algo que ella quisiera hablar conmigo.

"No puedo amar a Dios", dijo Cecilia. Lo soltó de pronto, luego de una pausa como si hubiera estado hinchándose en ella por algún tiempo. Después de la media hora siguiente, las compuertas de su vida se abrieron. Comenzó con su padre.

"Mi papá siempre ha sido grandioso", dijo Cecilia. "Siempre me ha dicho que me ama. Pero no sé, en los últimos años estoy confundida por su amor".

Esto era lo que pasaba: Varias noches cada semana mientras Cecilia dormía, podía oír el suelo crujir y a su padre caminar por el pasillo y entrar en su cuarto. Él se metía lentamente en la cama de ella y comenzaba a pasar la mano por su pierna y a tocar lugares que no debía. Comenzó a llorar mientras hablaba: "Creí que me amaba", dijo Cecilia, "pero ahora solo me usa".

Había más, Cecilia conoció a un muchacho de su edad y salieron por unos dos meses. Él le gustaba realmente y ella parecía gustarle a él. Incluso, le dijo que la amaba y que ella era especial para él. "Me dijo que quería mostrarme su amor", dijo Cecilia. "Expresó que necesitábamos tener sexo y hacer cosas sexuales para que pudiéramos experimentar ese amor. Yo no quería pero tampoco deseaba perderlo, así que lo hicimos".

Estaba llorando mucho y respiraba con dificultad cuando hablaba. Yo estaba a punto de llorar también. No tenía idea de lo que le iba a decir a esta muchacha. Ella solo deseaba ser amada de la forma correcta pero solo experimentaba la incorrecta. Le pregunté si ya había hablado con su pastor de jóvenes sobre esto. Comenzó a llorar más fuerte.

"Sí, fui a la iglesia un día y me encontré con mi pastor de jóvenes", dijo, "le conté sobre mi padre y mi novio y lo que ellos me hicieron. Me dijo que estaba bien y que Dios seguía amándome, que Él me cuidaba y esperaba lo mejor para mi vida pero, entonces, allí mismo en su oficina, mi pastor de jóvenes comenzó a besarme. Dijo que me amaba y pasó su mano sobre mi cuerpo. ¡Me usó, justo allí, en la iglesia!"

Había enojo, miedo, pena y desesperanza en su voz pero existía una pregunta más que ella esperaba hacer. "*¿Dios es eso?*, Cecilia preguntó amargamente. "¿Dios dice que me ama y luego me escupe como todos los demás hombres en mi vida?"

Sentí tanta pena por esta pobre y herida muchacha. No sabía si mis palabras significarían algo pero sé que la Palabra de Dios es poderosa. Llevé a Cecilia a Efesios 3:18, un pasaje que muestra que el amor de Dios es más alto que la más alta de las estrellas, más largo que la carretera más larga, más profundo que el más profundo de los océanos y más ancho que el más ancho cielo. Le conté acerca del amor incondicional de Dios, que Él nos ama, no importa lo que hagamos. Describí el amor de Dios como el suelo de una piscina profunda. Depende de nosotros saltar al agua y experimentar ese amor a través de la fe.

"El amor de Dios es un amor verdadero", le dije. "Él nunca te abandonará, ni te herirá o tomará ventaja de ti. Nunca". Mientras Cecilia se iba aquella noche, me percaté una vez más de que aquel amor estaba falto de acciones –y de las buenas acciones–, si no este se sentía como una mentira. Cuando las acciones están mal, todos resultan heridos.

¿Cómo puede un padre mostrar amor a través de las acciones?

Padres, mientras amen a sus hijos adolescentes de las formas correctas, están dándoles los fundamentos de la confianza que necesitan para la vida. Si la necesidad del amor de un padre no se satisface, esto dejará un agujero en el corazón del adolescente para siempre. Cuando le demuestra a su hijo adolescente que usted lo o la ama, le brinda la aceptación y la seguridad que requiere el adolescente.

¿Cuáles son algunas de las formas prácticas que un padre puede utilizar para mostrar amor a su hijo adolescente? Mi padre y yo nos sentamos el otro día e hicimos una lista:

El amor se demuestra a través del tiempo

Usted ama a los adolescentes por la forma en que les dedica tiempo para una conversación y una relación personal. Una de las formas más directas para dedicar tiempo a su hijo o hija es participar en las funciones de la escuela y en los programas de grupos de jóvenes. Los padres no siempre tienen que estar allí pero los adolescentes dicen que les gusta cuando los padres están al tanto de ellos. Los adolescentes también dicen que disfrutan salir con sus padres cuando no existe una agenda que tratar o una cita a la cual asistir. Sus hijos adolescentes quieren pasar tiempo con usted, de manera que ellos pueden percibir cuánto valen en su vida. Ellos entienden que si algo es importante en su vida, usted le dedicará su tiempo. Es vital para ellos sentir que valen para usted y que cuentan con su tiempo.

Las relaciones con los hombres tienden a estar basadas en la realización de actividades

Mi padre dice que él siempre encontró fácil el construir una relación con sus hijos, sabe cómo son sus hijos. Las relaciones con los hombres tienden a estar basadas en la realización de actividades, así que cuando mi hermano y yo éramos más jóvenes, nos unimos a los Exploradores con mi padre. Mientras crecíamos, comenzamos a jugar golf y a hacer viajes juntos. Pero papá decía que fue más difícil para él construir este tipo de relación con mis hermanas. Las relaciones con las muchachas se basan en la conversación. Una de las cosas que hacen juntos ahora es ir a un café y simplemente sentarse y charlar durante horas. Cuando llegan a casa, mis hermanas están resplandecientes. Se sienten como princesas después que papá les brindó toda su atención.

Mi padre, a propósito, hace el tiempo para sus hijos y activamente busca maneras para establecer relaciones con ellos muy a menudo, que significa hacer lo que a ellos les gusta hacer, no tanto como lo que a él le gusta hacer. De seguro que era más fácil cuando éramos más pequeños, ahora papá está tratando de encajar dentro de nuestros *programas*. Entre escuela, trabajo, sueño, comida y nuestras vidas sociales, no tenemos tanto tiempo disponible para nuestro querido y viejo padre; por lo tanto, descubrió que debía buscar, de manera intencional, las cosas que nos gustan hacer con él. A mi hermana de catorce años le gustan los juegos de mesa, así que mi papá y ella tienen alrededor de cuatro tipos con los que juegan. No sé si mi padre es un gran aficionado a los juegos de mesa pero esto les provee de una increíble oportunidad para hablar y reír.

"El tiempo es una comodidad escasa", dice mi padre. "Solo tenemos un contacto íntimo con nuestros hijos por un período limitado de la vida. Aquellos de nosotros con hijos adultos saben cuán rápido pasa el tiempo. Una vez que este haya pasado, nunca lo podrás recuperar".

Mi exhortación a todos los padres es esta: Hagan el tiempo hoy. Cuando sus hijos sean adultos, la mayoría de las cosas diarias que le roban tiempo para ellos hoy, probablemente no importará.

El toque del verdadero amor

Como un hijo, sé que una de las más grandes maneras en las que mi padre puede decirme que me ama es a través del contacto. A veces es solo una palmadita en mi hombro pero siempre sé que mi padre me ama. Aunque tengo veintitrés años, mi padre y yo todavía nos abrazamos y a menudo me besa en la mejilla antes de irme de viaje. Nuestra masculinidad no es violada por esto, él es mi padre. Espero que nuestros abrazos nunca cambien.

El contacto es absolutamente necesario para las hijas también. Con los adolescentes que hablo, las chicas dicen que a menudo buscan un afecto físico de los chicos, cuando lo que realmente quieren es amor. Pero si las hijas tienen la necesidad de contacto con su padre satisfecha, no la buscarán con ningún otro hombre. Las chicas que son amadas por sus padres a través del contacto en la forma correcta, son más fuertes para enfrentar la tentación sexual.

La forma en la que mostramos el amor diariamente establece la imagen de Dios en nuestra vida

Mi padre tiene hijos e hijas y él descubrió que expresar su amor a través del contacto hacia ellos no está desprovisto de retos. Él conoce que el amor de un padre debe expresarse a través de millones de pequeños encuentros que ocurren en las relaciones diarias. La forma en la que mostramos el amor diariamente establece la imagen de Dios en nuestra vida. Inculca en nosotros nuestras ideas acerca de la hombría, de la feminidad y de cómo nos comportamos con otros hombres y mujeres.

Para con sus hijos, mi padre conoce que tiene la responsabilidad de ejemplificar cómo Dios nos ama, cómo un esposo ama a su esposa, cómo un padre ama a sus hijos, cómo un padre cristiano vive su vida y cómo los hombres cristianos se relacionan y cumplen la Gran Comisión. El contacto es una parte vital de todo esto.

Para con sus hijas, mi padre conoce que él muestra la imagen de cómo Dios las ama, cómo un esposo cristiano ama a su esposa y cómo un hombre las debe tratar. Espero que mi padre nunca deje de amar a sus hijas de la forma en que lo hace.

El autor John Trent dice que el contacto es uno de los elementos críticos para dar paso a un legado de bendiciones, porque comunica amor y aceptación personal. Así que, padres, por favor, no tengan miedo de esta responsabilidad de contacto que tienen. Háganlo una cosa habitual de cada encuentro para mostrar un afecto apropiado.

¿Cuáles son algunas de las formas apropiadas para mostrar

afecto? Así es como funciona en nuestro hogar. Con mis hermanos y conmigo, a veces es...

- un "abrazo masculino" cuando vamos hacia la puerta.
- una mano en los hombros o en el brazo cuando papá habla con nosotros.
- una palmadita en la espalda si hacemos algo bien.
- un estrechón de manos cuando él quiere decir: "Bien hecho".

Con mis hermanas, es...

- un beso en la mejilla cuando van para la escuela.
- un abrazo alrededor de los hombros cuando salen del campo de fútbol.
- un tiempo de sostener sus manos cuando ellas pasean con él o ven una película juntos.
- Sentarse en el sofá con su mano alrededor de ellas mientras hablan.

El amor se demuestra a través de la aprobación

Expresar el amor a través de la aprobación puede ser difícil. ¿Qué pasa si sus hijos adolescentes hacen algo con lo que no está de acuerdo? Hasta ahora, la aprobación es el fundamento de la seguridad. La aprobación no siempre significa consentir, significa apoyar a alguien: Estar al lado de su hijo y no detrás de él.

La aprobación no siempre significa consentir, significa apoyar a alguien

Recientemente hablé con una muchacha llamada Shanna. Cuando Shanna era más joven, entrenaba gimnasia. Ahora a los dieciséis, está embarazada y lucha contra los desórdenes en la alimentación, el alcohol y las adicciones al sexo. Cuando le pregunté acerca de la relación que tenía con su padre mientras crecía, me dijo que nunca estaba allí para ella. Estaba siempre en la oficina. "Trabajaba duro, tal vez muy duro", dijo. "Ojalá hubiera podido estar cerca de mí más tiempo. Solo una vez quise que viniera a un encuentro de gimnasia y me dijera que lo estaba haciendo bien". "¿Está relacionado con tu vida ahora?", le pregunté. "No", dijo. "Creo que está muy avergonzado de mí". A través del resto de nuestra discusión, fue quedando claro que Shanna no culpaba a su padre de la vida que llevaba ahora pero ella sí habló acerca de un vacío en su corazón que solo su padre podía llenar.

La necesidad de Shanna, como la de cualquier adolescente, estaba más allá de la presencia física de su padre. Era la necesidad de una relación positiva con su padre, dondequiera que ella se encontrara en la vida. Ella necesitaba su aprobación cuando era más joven e imploraba que le dedicara tiempo y ahora, cuando estaba luchando, necesitaba su presencia para ayudarla y guiarla. Ella lo necesitaba para que la ayudara a percibir su propio valor y así, no tener que buscar en otro lugar.

En mi propia vida sentí la aprobación de mi padre cuando él prestaba interés en las cosas que yo encontraba interesantes, ¡aun cuando me parecían que venían de otro planeta! Mi padre era futbolista en la escuela secundaria y en la universidad. Estoy seguro de que me hubiera amado si yo hubiera seguido sus pasos en el deporte pero la música se convirtió en mi vocación.

En la escuela secundaria, un grupo de amigos y yo conformamos una banda de *skapunk* llamada *Time for a Haircut* [Tiempo para un corte de cabello]. Íbamos a un club de adolescentes los fines de semana y bailábamos en el estilo "*skank*" (básicamente consistía en correr en el lugar mientras tocabas los dedos del pie). En los conciertos siempre había mucha agresividad.

¡Esto no era lo que mi papá hacía en su juventud en lo absoluto! Pero mi papá asistía a los conciertos conmigo de vez en cuando. Hablaba de la música y de lo que estaba ocurriendo, tratando de entender nuestros momentos de locura. Estoy seguro de que a él nunca le gustó la música que tocábamos. Él nunca bailó con nosotros en la pista, no me hubiera gustado que lo hiciera, pero él me aprobó como una *persona*, su hijo. Su aprobación tenía un poder más allá de las palabras.

El amor como un compromiso

Es un hecho: Mi generación está creciendo en un mundo de promesas rotas. Conozco muchos chicos de familias destruidas o mezcladas. Los jóvenes de hoy han experimentado más divorcios que cualquier otra generación anterior. Una consecuencia es que los adolescentes están luchando contra el temor a ser abandonados. Más que nunca, quieren asegurarse nuevamente que las personas en las que más se interesan, estén allí para ellos.

Yo trato esto en una de mis charlas llamada: "La promesa

de la presencia de Dios". Recuerdo a los adolescentes que una vez que tenemos una relación con Jesucristo, Él siempre está allí para nosotros. Cuando hablo acerca de esto, hago que la audiencia levante una mano y diga las siguientes cuatro palabras asignándole una palabra a cada dedo: "Yo–nunca–te–dejaré". Luego invito a que cada persona le agregue su nombre. Con sonrisas en sus rostros, a veces con lágrimas, los estudiantes alzan sus manos y gritan:

"¡YO–NUNCA–TE–DEJARÉ_____!" La última palabra es una cacofonía del sonido cuando cada estudiante grita su nombre: ¡José!, ¡Emilio!, ¡Marta!, ¡Carlos!, ¡Aida!, ¡Brandon! Es una cosa bellísima. Los estudiantes resplandecen cuando comprenden que alguien los ama y está siempre allí para ellos. Los padres pueden ayudarlos a comprender este poder del compromiso. En un mundo de promesas rotas, los adolescentes quieren asegurarse que usted no los abandonará. Aun si no vive con su hijo adolescente, él o ella quieren saber si son una prioridad para usted.

Mi padre ha dicho más de una vez que mis hermanos, hermanas y yo somos más importantes para él que su trabajo, pasatiempo, o el sueño. Sabemos que él está allí para nosotros. Sabemos que su trabajo es importante también pero estamos seguros de que siempre seremos lo primero. Si se encuentra en una reunión y lo llamamos, él le ordenó a su secretaria que estaba en la total libertad de interrumpir y ella lo hace. Sé que mi padre ha interrumpido reuniones importantes para tomar una llamada telefónica que le he hecho. A veces tiene a los amigos en la oficina y sale a saludar.

Quizá esto no ocurra en su caso pero estas son algunas de

las formas en que los padres pueden mostrar compromiso hacia sus hijos:

* Recordando el cumpleaños de su hijo y la Navidad con tarjetas, regalos, llamadas telefónicas y con su presencia.
* Haciendo –y cumpliendo– promesas de excursiones que sus hijos adolescentes ansían tener.
* Estar en la sala y ver el programa de televisión que su hijo quiere ver, aun cuando usted no desee verlo.
* Conocer a los amigos de su hijo, recordar sus nombres y preguntar cómo están.
* Ir a buscar a su hijo en tiempo cuando sale de la escuela o de una práctica deportiva.

El amor expresado a través de los obsequios

Una de las más grandes formas de expresar amor es a través de los obsequios pero los adolescentes me cuentan que estos pueden fracasar también. Tengo un amigo cuyo padre rara vez pasaba tiempo con él pero frecuentemente le dejaba debajo del plato diez dólares a la hora del desayuno. Mi amigo me comentó, más de una vez, que prefería el tiempo de su padre que su dinero. Los regalos no bastan, tienen que estar acompañados de acciones y de un tiempo dedicado exclusivamente a sus hijos.

Pero también, pueden hacer declaraciones poderosas. Mi padre es realmente grandioso en obsequiar cosas que marquen un hito en la vida de sus hijos; regalos

Su amor
no puede ser
reemplazado

que tienen gran significado encerrado en ellos. A cada uno de mis hermanas y hermanos, mi padre le obsequió una Biblia cuando cumplieron diez años. Cuando cada una de mis hermanas cumplió quince años, él les regaló un collar con una cruz que tenía un diamante en ella. Esto significaba: "Bienvenidas a la adultez". Cuando mis hermanos y yo cumplimos dieciocho años, papá nos obsequió un anillo de oro que tenía nuestras iniciales grabadas. Los anillos simbolizaban una frase que papá nos inculcó: "Camina en confianza con Cristo y regresa con honor".

Los obsequios no compran el amor de un adolescente. Aquellos, solo son de carácter temporal y un adolescente lo sabe pero los regalos sí importan. Cuando un padre le obsequia algo a su hijo, y este regalo va acompañado de su amor, da en el blanco. Esto le demuestra al adolescente que es querido y bienvenido.

Un extraño tipo de amor

Padres, la segunda cosa que sus hijos adolescentes quieren decirles (pero que no lo hacen) es: *Papá, necesito que me ames con acciones, no solo con palabras.* Su amor no puede ser reemplazado —es absolutamente necesario— y sus acciones llevan su amor directamente al corazón de su hijo adolescente.

Por supuesto, las acciones llevan tiempo y el tiempo es algo precioso para los hombres que están muy ocupados en su trabajo pero alguien dijo una vez: "Nunca dejes que lo urgente destruya lo importante". Usted puede hacerlo. Siempre surgirá algo que podrá parecer más importante que sus hijos adolescentes pero desarrolle su propio amor del tipo "demuestre y diga" como algo real para ellos y verá cambios importantes en el mejoramiento de sus relaciones.

PADRES EN ACCIÓN

Una lista de verificación para el capítulo "Ámame con acciones, no con palabras"

✔ Los límites impuestos a sus hijos adolescentes, siempre y cuando sean realistas, también significan amor.

✔ El maltrato sexual nunca será amor.

✔ Los padres realmente inteligentes hacen tiempo, dan tiempo y siempre llegan a tiempo.

✔ El contacto apropiado habla por sí solo.

✔ Cumple tus promesas.

3

Mi padre, mi amigo
"Papá, necesito tu amistad"

A los trece años estaba convencido de que iba a morir. Recuerdo aquella noche claramente. Con la puerta del baño cerrada me paré, sin camisa, frente al espejo. Últimamente parecía como si mi vida diera vueltas en espiral, fuera de control. Extraños mechones de pelo crecían sobre mi cuerpo. Mi voz era crujiente. Pensamientos espontáneos sobre una princesa guerrera llamada Xena daban vueltas en mi cabeza. Y para colmo, debajo de mis tetillas había unas pequeñas protuberancias duras, como si alguien hubiese implantado algo en mi pecho. Quizá eran granos enormes creciendo dentro de la parte superior de mi cuerpo.

No, solo puede ser una cosa, seguro contraje una clase de enfermedad incurable: Quizá tuberculosis, o cáncer, o lepra. Apuesto que esta enfermedad estaba en el suelo del cuarto de vestuario de los varones y se filtró en mi cuerpo. Aquel era un lugar donde siempre había suciedad. Corrí a contarle a mi padre.

Su respuesta fue asombrosamente calmada teniendo en

cuenta mi crisis: "Bueno, hijo", dijo, "no vas a morir. Te estás convirtiendo en un adolescente".

Mi padre y yo nos reímos de ese incidente ahora. ¿Cómo se suponía que conociera a alguien que, a veces, tiene puntos duros debajo de sus tetillas? Seguramente algunos cambios físicos sucederán en la vida de los adolescentes cuando estos pasen de la niñez a la adultez ¡y yo era un chico que me preocupé por cada uno de ellos! Cada día de la pubertad es como un torrente de nuevos sentimientos, pensamientos y cambios físicos.

El cambio en la relación entre su hijo adolescente y usted es natural y necesario

Con todos esos cambios sucediendo en los años de la adolescencia, los aspectos de la relación padre-hijo se transforman también. El hijo que dejaba en casa cuando iba a jugar golf con sus amigos del trabajo, ahora se les une como uno más. La hija que una vez llevaba a tomar helados, ahora está sentada frente a usted, en una cena lujosa, contándole acerca del chico del colegio que ella admira. Cualquier ajuste en la vida puede traer temor y ansiedad, pero el cambio en la relación entre su hijo adolescente y usted es natural y necesario.

Los adolescentes notan esta transformación con sus padres también, como Danica, de dieciocho años y de Illinois: "Le pido consejos a mi padre mucho más que como solía hacerlo antes. Es gracioso, pero creo que él es más sabio mientras más crezco". Kyle, catorce años, de California: "A veces mi padre todavía me trata como a un niño. El otro día salimos a un restaurante y en realidad, ordenó por mí. Solo deseo que él pidiera mi opinión más a menudo".

Brianna, dieciséis años, de Missouri, dice: "La otra noche, mi papá me pidió que le instalara un programa de computación. Eso me hizo sentir bien. Me gusta que en algunas ocasiones, él valore realmente lo que puedo hacer".

Hayden, diecisiete años, de Tennessee dice: "Mi papá y yo nos hemos entrenado todo este año para una maratón juntos. Cuando vamos a correr, tenemos extensas conversaciones. A veces, después de una carrera, oramos juntos. Es la mejor parte".

El nuevo papá

Mientras más adultos somos mi padre y yo, más compartimos cada día la vida. A veces a través de llamadas telefónicas; a veces solo para estar juntos cuando permanezco en casa. Hablamos más y la conversación es más bien un diálogo, nos hacemos preguntas y compartimos cosas. Para divertirnos, hacemos lo que todos los hombres hacen juntos, vamos a juegos, jugamos golf, comemos salchichas, costillas asadas a la brasa y también hamburguesas. Algunas personas encontrarán algo extraño esto que les diré, otras no, pero es la verdad: Hoy día mi padre es uno de mis más cercanos amigos.

Las personas definen la amistad de muy diversas maneras. Algunas dicen que usted nunca debe ser amigo de sus hijos, sino que siempre debe ser su padre. Cuando los hijos son jóvenes, creo que eso es verdad. Rara vez los niños quieren que sus padres sean sus amigos como un niño cualquiera. Parte de la seguridad de un niño proviene de la autoridad que viene de su padre pero también es verdad que los niños de todas las edades, anhelan tener una relación íntima con sus padres. Los adolescentes a menudo están tan interesados en lo que a ustedes les gusta, tanto como ustedes se interesan por ellos. Ellos quieren que usted los acepte, quieren aceptación en el campo en el cual están, cualquiera que este sea. Quieren saber que usted cree que sus pensamientos y opiniones son válidos. Algunos llaman a este nuevo escenario de relaciones "compañerismo"; otros, "camaradería". Yo lo describo de esta manera: La tercera cosa que los adolescentes quieren decirles a sus padres (pero que no lo hacen) es esta: *Papá, quiero ser tu amigo.*

¿Es la amistad con su hijo adolescente una idea difícil de captar? Mi padre describe, al menos, cuatro roles paternos que ayudan a poner esto en perspectiva:

- *Sustentador*, desde el nacimiento hasta la edad de siete años. El papel primario de un padre en este escenario es cuidar de su hijo a través de su provisión, seguridad y presencia.
- *Maestro*, desde los ocho años hasta los quince. Los padres deben enseñar a sus hijos los fundamentos de la fe, la moralidad y la sabiduría mientras están creciendo en el hogar.
- *Mentor*, desde los quince hasta los dieciocho. Un objetivo primario en este escenario es ayudar a los adolescentes a navegar y aprender a ser adultos moralmente responsables cuando dejen el hogar.
- *Amigo*, desde los dieciocho hasta la adultez. Cuando los fundamentos sólidos están situados en su lugar, los hijos comenzarán a pensar y a funcionar como adultos y buscarán el consejo y la compañía de sus padres.

Papá como Wally–Wally

¿Recuerda la película *Cocodrilo Dundee*? Hay una escena donde Michael J. Dundee, el excéntrico cazador furtivo de cocodrilos proveniente de Australia, camina en una fiesta de la alta sociedad de Nueva York. La reportera americana, que lo trajo a los Estados Unidos, comienza a apuntar a varias personas. Cuando ella apunta hacia su psicólogo, Dundee pregunta: "¿A qué se dedica?" El reportero responde: "Él ayuda a las personas a hablar detenidamente de sus problemas".

Dundee dice: "No necesito uno de esos. Tengo a Wally". Wally era el nombre de un buen amigo que Dundee tenía en Australia con quien él hablaba francamente, y Wally lo hacía de la misma forma con él. Wally y Dundee mantenían una familiaridad en la que se entendían el uno al otro y se ofrecían una perspectiva en la vida de cada uno de ellos. A veces ser un padre es como ser un Wally para su hijo adolescente y a veces su hijo adolescente pudiera ser un Wally para usted. No siempre será completamente recíproco, por supuesto pero hacer el cambio desde la crianza de los hijos hasta convertirse en su amigo significa que son compañeros uno del otro, en las buenas y en las malas. Un amigo es alguien con el cual puedes pasar tiempo, divertirte, llorar ¡y disfrutar! Aparte del matrimonio, el cual no he experimentado todavía, no puedo pensar en otra persona con la cual entablar una amistad que no sea con mi padre. La relación adolescente–padre para nosotros fue un lugar a prueba de todo, sobre el cual construir una amistad. Mientras construíamos la intimidad entre nosotros y compartíamos secretos, ninguno de los dos iba a abandonar la amistad o iba a dejar de amar al otro, éramos familia. La atadura que compartíamos sirvió como una cuerda de salvamento en caso de que cayéramos. Cuando no nos comunicábamos –y créame, fueron muchas las veces que esto ocurrió–, el profundo amor que teníamos en nuestra relación padre–hijo no dejaba que cayéramos en picada.

Mientras sus hijos adolescentes pasan por los años de la escuela secundaria y en los días de la universidad y la carrera, ellos harán o romperán amistades. Encontrarán algunos conocidos que los complementen con personas, así como otros que los hundirán. Si se construyó una buena relación con su padre, un adolescente será capaz de identificar la diferencia entre un amigo positivo y uno negativo. También entenderán lo que significa ser un amigo. Una vez que se unan en una amistad con otra persona, entenderán mejor los pros y los contras de la amistad, porque primero compartieron la experiencia con usted.

¿Qué pasa cuando los padres son cualquier cosa menos amigos para sus hijos adolescentes?

El verano pasado hablé con Kailey, de diecinueve años, quien padeció de bulimia durante la mayoría de los años de escuela secundaria. Cada día iba al baño varias veces para vomitar la comida. Lo hacía tan a menudo que tuvo que tomar medicamentos para calmar el dolor de las heridas en su estómago y esófago.

Cuando le pregunté lo que le causó haber llegado al punto de torturar su cuerpo, comenzó a hablar acerca de su padre, quien siempre hacía comparaciones y comentarios acerca del peso de Kailey y el de su hermana. Aun cuando había invitados en casa, él hacía comentarios acerca de los cuerpos de sus hijos, sus personalidades o sus caracteres o sobre cuánto comían. Kailey dijo que un domingo mientras la familia estaba sentada a la mesa junto con algunos amigos de la iglesia, su padre hizo un comentario acerca de cuánto le desagradaba la sonrisa de Kailey.

"¿Por qué hizo eso?", Kailey me preguntó entre lágrimas. "Aún si algo estaba mal con mi sonrisa, ¿por qué debía decirlo justo delante de todos?" Todavía hoy puedo sentir el dolor de sus comentarios cortando y apuñaleando el corazón de Kailey. No podía creer la forma tan poco amable en que este hombre trataba a sus hijas. El daño que este padre hizo y estaba haciendo era inmenso ¿A dónde fue el

> **Su padre** hizo un comentario acerca de cuánto le desagradaba la sonrisa de ella

apoyo, el ánimo o la empatía? Él no tenía ni idea acerca de lo que era ser amigo de sus hijos.

Mientras la presencia de un padre trae consigo un sentimiento de comodidad cuando su hijo es un niño, ese mismo sentimiento de refugio es necesario para su niño cuando es un adolescente. Los jóvenes de hoy viven en un mundo donde las escuelas, las mentes, los corazones y a veces los hogares se convierten en campos de batalla. Constantemente viven en peligro: Espiritual, emocional e incluso, físicamente. La habilidad de un padre para estar lo suficientemente cerca, para brindarles apoyo y para conocerlos y animarlos a hacer buenas elecciones, depende de su relación con ellos. A través de la intimidad de la relación, los padres tienen la habilidad de expresar y demostrar su amor y aceptación.

Cómo hacerse amigos de su hijo adolescente

Padres, ¿qué significa hacerse amigos de sus hijos adolescentes? ¿Comenzarán a vestir una camisa loca o a desarrollar sus habilidades en los juegos de computadoras?

Los adolescentes dicen que la mejor forma de ser un amigo es hablar *con* ellos pero no *a* ellos o *sobre* ellos. ¿Está preocupado acerca de qué usted va a hablar? ¡Pues no lo esté! Solo entre a sus vidas y hable como si las cosas surgieran con el curso natural de la vida. Esto probablemente significa que usted tendrá que estar en el mismo plano de ellos, y eso no siempre es fácil. Si vive con un adolescente, seguramente conozca de antemano cómo él puede estar centrado en sí mismo. Todos pasamos por eso una vez, pero conocerlo le ayudará realmente. Porque un adolescente es egocéntrico, usted, como su padre seguramente tendrá que ser el primero en convertirse en amigo de su hijo. Esto puede requerir un sacrificio de su parte como padre. Por ejemplo, conozco de padres que:

- No les gusta ir al supermercado pero van porque a sus hijas les encanta.
- No saben de hockey en lo absoluto, pero asisten a los partidos y siguen a los equipos porque a su hijo le gusta mucho el juego.
- Se preocupan por el peso de sus hijas, pero constantemente les dicen que se ven maravillosas, porque saben que esto es lo que ellas realmente necesitan oír.
- Renuncian a su juego de golf para pasar tiempo arreglando los autos de sus hijos.

- Dedican una noche cada semana a pasarla con sus hijos como si fuera la "noche de una cita".

Una gran parte de ser un amigo para su hijo está en pasar tiempo donde él quiera. Los jóvenes típicamente pasarán su tiempo en algo que sea divertido y que los haga sentir bien. Si pasar tiempo con sus padres es algo que disfrutan, ellos lo buscarán y lo protegerán. Si este tiempo no es el que ellos disfrutan, lo evitarán. Aún más, ellos se complacerán en el tiempo que pasen con usted si saben que esto es algo que usted quiere hacer también, *simplemente porque los ama*. Si ellos ven que usted está sacrificando algo por la amistad, percibirán el tiempo que pase con ellos como algo de la más alta excelencia. En caso de que no se pueda hacer un sacrificio y usted tenga que elegir hacer algo antes que estar con ellos, explíqueles el porqué y llegue a un acuerdo mutuo.

Los padres me cuentan que es también importante pasar tiempo con su hijo adolescente donde no haya nada planeado o algo que considerar. Siempre hay una especie de conversación que *necesita* llevarse a cabo entre su hijo y usted, si es acerca de una limitación violada, la ropa que ellos visten o cuán alta es su música pero usted necesita tiempo donde esos temas se pongan a un lado para simplemente construir una amistad. Los tiempos que pasé con mi padre, junto a él, riendo acerca de nada son memorias que aprecio totalmente. Los adolescentes dicen que en los tiempos donde no hay apuros o donde no hay agendas que tienen con sus padres, ellos tienen algunas de las más grandes conversaciones. Alguien dijo una vez que usted podía decirle algo a un amigo verdadero, cuando puedan sentarse juntos, en

Usted puede decirle algo a un amigo verdadero, cuando puedan sentarse juntos, en silencio y que esto no resulte extraño

silencio y que esto no resulte extraño. Eso se construye solo mediante una vía: Pasar tiempo juntos.

Cuando este lazo se forma no se puede romper. Será probado pero al final se mantendrá firme. En los años que siguen desde ahora, esta conexión será algo a lo que usted y su hijo pueden recurrir.

Mi padre, mi amigo

Una vez hablaba acerca de este punto en una iglesia en Wisconsin, un padre apareció luego de que yo terminara. Tenía una frente surcada de arrugas y sus ojos eran oscuros pero podía decir que quería hablarme.

—Francamente, estoy asustado por eso de convertirnos en amigos de nuestros hijos –dijo el padre–. Si me divierto con mi hijo, no me respetará cuando establezca las reglas o la disciplina sobre él.

—¿Es usted cristiano? —pregunté—. ¿Ama a Dios con todo su corazón?

—Por supuesto —dijo—, pero ¿qué tiene eso que ver con todo esto?

Le indiqué varios pasajes en la Biblia, incluso Santiago 2:23, el cual describe la amistad de Dios con nosotros. Si Dios puede ser nuestro amigo y lo respetamos y queremos obedecerle, entonces ciertamente lo mismo puede suceder con una relación padre–hijo terrenal. "Cuando usted es amigo de su hijo adolescente", dije, "realmente él le obedecerá más, no menos. Tendrá la confianza de su hijo de su lado, no su temor".

Los adolescentes quieren que sus padres sean personas con las cuales ellos puedan reír acerca de cosas que solo ellos pudieran reírse. Ellos quieren una compañía para dar a conocer secretos y temores los cuales no hablarían con nadie más. Con todos los nuevos encuentros en sus vidas, los adolescentes desean a alguien a quien ellos puedan hacerle preguntas. Alguien que no pensará que ellos son estúpidos porque preguntan. Este tipo de relación de almas compañeras, construida durante la adolescencia, puede producir beneficios de por vida. Si los adolescentes pueden ser francos con usted mientras ellos están en casa, luego serán capaces de hablarle cuando estén en la universidad, cuando estén solos o cuando estén casados.

Algunos de los tiempos de amistad con mi padre que recuerdo vienen a mi mente cuando menos los espero. Cuando simplemente estoy manejando, o bien avanzada la noche cuando estamos en la cocina mordisqueando una pizza fría. Esos eran tiempos que no podían haber sido planeados nunca. En esas horas de amistad reflexionábamos acerca de cosas con las que estaba luchando o que estaba cuestionando. Él se identificaba conmigo a través de historias y tiempos cuando él experimentó los mismos problemas y luchas. Fue en el fondo de esta profunda relación que yo le di una plataforma prominente en mi vida. Cuando se comparte la intimidad con alguien, se le brinda el poder de la influencia. Ahora, como yo estoy en mi último año de la universidad, puedo testificar que mi padre tiene aún ese lugar de poder en mi vida. Cuando mi padre habla a mi vida ¡Lo que dice sí importa!

Padres, una amistad profunda con sus adolescentes se convertirá en un fuerte refugio para ellos. Ellos sabrán que es seguro hablar de sus fracasos y sus miedos con usted. Cuando se enfrenten a una decisión difícil, le pedirán su ayuda y con la amistad, usted puede tomar la experiencia que tiene en la vida y la sabiduría que ganó por los años vividos y en vez de sermonearle acerca de ellas como su padre, simplemente las comparte con ellos. ¡Oye, eso es lo que los buenos amigos hacen!

PADRES EN ACCIÓN

Una lista de verificación para el capítulo "Necesito tu amistad"

- ✔ Un padre es más inteligente mientras sus hijos crecen.

- ✔ Pídale consejos a su hijo adolescente.

- ✔ Convertirse en amigos es un proceso (no tiene que fingirlo).

- ✔ La amistad comienza con el respeto mutuo.

- ✔ Hable con su hijo adolescente, no a su hijo adolescente.

- ✔ Los amigos hacen cosas juntos.

- ✔ Si están riendo juntos, su amistad probablemente esté creciendo.

4

No más un Superman, sino un héroe

"Papá, siempre has sido mi héroe"

A la edad de cuatro años, tenía un gigante por amigo. Era de unos seis metros de alto —estaba seguro de ello— y tenía una voz retumbante. A veces dejaba que me probara sus enormes botas negras y mis pies se desvanecían dentro de aquella masa de cuero. Cuando me abrazaba, mi cuerpo desaparecía mientras sus enormes brazos me envolvían. Cuando caminábamos uno cerca del otro, uno de sus pasos eran dieciséis de los míos. No tardaba mucho para que mis pequeñas piernas se agotaran y el gigante me pusiera sobre sus hombros, así que mi cabeza estaba por encima de las nubes.

"Baja la cabeza", decía cuando estábamos frente a la puerta de nuestra casa y así lo hacía. Cuando era niño era muy fácil amar a mi padre, el gigante. Nunca tuve que aprender a amarlo, solo sucedía. Él era casi algo místico para mí; más grande que la vida. Creía que mi padre podía hacer cualquier cosa. Él lo sabía todo, era todopoderoso y llevaba mi seguridad cerca de su corazón.

El gigante estaba seguro también. Mis padres me dicen a veces que gritaba cuando estaba con extraños pero cuando estaba con mi padre, todos mis miedos desaparecían. Nunca tuve que aprender que mi padre me protegería; yo solo lo sabía. También entendí rápidamente que haría cualquier cosa por mí; incluso si esto significaba que no me daría lo que yo quería porque sabía que lo que deseaba podría herirme. Parecía como si un amor por mi padre hubiera sido plantado en mí desde el momento en que fui creado. ¿Somos todos de esta forma como niños? ¿Si el amor se alimenta correctamente, no crecerá con el tiempo de forma natural? Creo que sí. He aquí lo que algunos adolescentes me cuentan acerca de cómo su amor por sus padres creció: "Mi papá es el mejor", dice Emma, de quince años y de Oregón. "Todos mis amigos piensan lo mismo. Siempre ha sido un buen padre, desde que era pequeña hasta ahora".

"Seguro, estoy orgullosa de mi papá", dice Rylie, de dieciséis años y de Colorado. "Él es uno de los más altos corredores de inmobiliarios de nuestra ciudad y cada sábado cuando hace calor, vamos a la montaña en bicicleta juntos. Creo que eso significa para mí más que todas sus cosas de negocios".

"Cuando era un niño, creía totalmente que mi papá era Superman", dice Austin, 18 años, de Nebraska. "Hoy sé que no es perfecto. De igual forma él siempre trata de hacer las cosas bien. Si comete un error, reconoce que se equivocó. Siempre aprecio eso de él".

"Mi papá ha estado en una silla de ruedas por estos dos últimos años", dice Chris, 15 años, de Florida. "Es duro para mi familia, pero mi papá persevera, a pesar de su enfermedad. Respeto mucho eso de él".

"Mi papá deja que yo sea yo misma", dice Nickie, 16 años, de Florida, "pero siempre tengo presente que si piso fuera de la línea, él hablará conmigo acerca de esto. Nunca me grita, como hacen algunos de los padres de mis amigos. Me gusta eso de él".

Se define a un héroe como alguien que exhibe un carácter noble

Padre, ¿sabía que usted ya usa la Medalla del valor? Desde entonces, Dios le hizo ser un héroe en la vida de su hijo, ser el único a quien ellos quieren parecerse cuando crezcan.

¿Puede ver las posibilidades existentes? ¡Puedo contarle, sus hijos adolescentes sí pueden!

Se define a un héroe como alguien que exhibe un carácter noble. Cuando su hijo o hija eran pequeños, era un héroe para ellos simplemente por su presencia. Cuando los niños crecen, los padres pueden seguir siendo héroes al demostrarles la verdadera hombría relacionada con la vida, el matrimonio y su relación con Dios. Esto es posible. De hecho, esto es la cuarta cosa que los adolescentes quieren decir a sus padres (pero que no lo hacen): *"Papá, siempre has sido mi héroe. Por favor, continúa siéndolo"*.

Cómo seguir siendo un héroe

Los padres con los cuales he hablado dicen que a veces se sienten presionados a ser alguien para sus hijos adolescentes, que realmente no son. Los padres pueden no ser los más atléticos, los mejores en sus trabajos, los que mejores se ven y cosas por el estilo, y ellos están preocupados acerca de no estar a la altura de

Los adolescentes no esperan que sus padres sean como Tiger Woods

lo que sus hijos esperan. Los padres saben que no son los superhombres que sus hijos creen. Les temen al rechazo de sus hijos tanto como a sus propios miedos.

La buena noticia es que los adolescentes no esperan que sus padres sean como Tiger Wood o Tom Cruise, aun cuando ellos así lo consideren. No esperan de sus padres perfección, fama, o habilidades poco comunes; solo esperan honestidad, integridad y un hombre de Dios que los sepa guiar.

¿Cómo pueden los padres seguir siendo héroes –verdaderos héroes– en la vida de sus hijos adolescentes? Mi padre y yo nos sentamos y elaboramos la siguiente lista:

Ame a Jesucristo y viva de la forma en que lo hace

Jesucristo fue el último ejemplo de lo que significa vivir en el mundo como un hombre. Hacía lo correcto y decía lo que deseaba decir. Jesús era amigo de pescadores rudos. Podía sostener su opinión cuando discutía con los maestros y escribas de la ley. No le temía a las tormentas, a las muchedumbres enojadas, o a las personas desequilibradas mentalmente. Era tierno con los niños, respetuoso con las mujeres y fue de mano dura con las personas que decían amar a Dios pero actuaban de una manera opuesta. Los adolescentes me cuentan que la razón número uno por la cual abandonan la iglesia es la hipocresía que ven dentro de sus paredes. Es de vital importancia para los padres revertir esa tendencia siguiendo a Jesucristo de todo corazón. Los padres no solo pueden decir que son cristianos y nunca actuar como tales cuando están fuera de la iglesia. Esto es lo que los adolescentes necesitan ver: Un hombre viviendo firmemente en su fe, tanto en la iglesia como en el hogar.

Filipenses 1:27 dice: "Pase lo que pase, compórtense de una manera digna del evangelio de Cristo". Cuando los padres tienen a Jesucristo en el centro de sus vidas, pueden entonces vivir una fe y un modelo genuino coherente con el Señor.

¿Qué significa para un padre seguir a Cristo con todo el corazón? Los adolescentes me dicen que quieren ver a sus padres:

- Tomando el mando cuando llega el momento de ir a la iglesia. Esto no es solo para los niños y las madres. Los padres necesitan ser los hombres que se levantan los domingos en la mañana y organizan las tropas para el resto del día.
- Leyendo su Biblia de manera constante. Mañana, tarde, noche. El tiempo no es lo más importante pero un hombre necesita sumergirse regularmente en la Palabra de Dios.
- Estando en contacto con otros hombres de Dios para animarse, apoyarse y tomar responsabilidades ante Él. Seguir a Jesucristo es un esfuerzo que debe hacerse en equipo y requiere de otros padres cristianos para caminar en cuadro apretado.
- Viviendo una vida en integridad y honestidad. Los adolescentes dicen que estafar con impuestos o esconder una revista *Playboy* en la última gaveta, son maneras infalibles de perder el respeto que ellos les tienen a sus padres.

Con el desarrollo de profundas raíces de fe, los padres son capaces de parecerse al árbol plantado en la orilla de las aguas descrito en el Salmo 1: Un árbol que no muere en tiempos de dificultad, sino que más bien produce frutos en su tiempo.

Sea un padre de la Biblia, no un padre de la televisión

Piense en las imágenes de padres que sus hijos ven regularmente en la televisión. Los jóvenes son bombardeados hoy día con descripciones distorsionadas acerca de la masculinidad. Cuando llega el momento de ser un héroe para sus hijos adolescentes, usted tiene la oportunidad de darles un buen ejemplo bíblico. Los padres holgazanes que solo buscan el entretenimiento, necesitan ser ensombrecidos con la realidad de padres que viven vidas llenas de integridad.

> **Los jóvenes son bombardeados hoy día con descripciones distorsionadas acerca de la masculinidad**

Bíblicamente, el papel de un hombre es ser un líder en el hogar, el pilar de la fe y el modelo de amor para la familia. Demasiados adolescentes ven a sus padres como maniáticos obsesionados con el trabajo, vagos amantes del sofá, del género afeminado o competidores agresivos y enojados. ¿Qué es lo que sucede cuando los hombres *realmente* viven de esta forma? Las estadísticas señalan a niños descuidados, esposas frustradas, compañeros de trabajo molestos y comunidades peligrosas.

Sus hijos e hijas lo necesitan para mostrar la esencia bíblica verdadera de un hombre. Todavía soy joven y estoy tratando de descubrir todo lo que eso significa pero estoy agradecido de contar con ejemplos tan impresionantes de hombres en mi iglesia y con mi propio padre. Veo padres que demuestran integridad en sus trabajos. Define la lealtad en la forma en que tratan a sus esposas. La consistencia es una lección resonante que veo cuando los padres demuestran el cuidado diario de sus cuerpos, mentes y almas.

Sé lo que se supone que un hombre deba ser porque lo veo a mi alrededor. Es poco frecuente encontrarlo en la televisión. Está en los corazones y vidas de los padres los cuales sé que siguen a Cristo.

Sea un modelo de padre sencillo

¿Cuál es nuestro carácter cuando estamos seguros de que nadie nos está mirando? Los de doble moral —hombres que dicen una cosa y luego viven otra–, están alrededor nuestro. La mayoría de nosotros conoce a un pastor o a un líder cristiano que cayó en la tentación y que jamás se levantó nuevamente. Justo la pasada semana estaba hablando con uno de mis mejores amigos, Rob, el cual está haciendo las prácticas, que comenzó hace unos cuatro años, en un programa para jóvenes de una iglesia. Varios meses atrás recibió un golpe emocional cuando el pastor de jóvenes interino le comentó que tenía una aventura. Aquel fin de semana, Rob, el alumno que estaba de práctica, pasó a ser el líder. Él tomó las responsabilidades del pastor de jóvenes y levantó los pedazos destrozados cuando un héroe cae, así como los corazones defraudados de los estudiantes en el grupo de jóvenes.

"Es difícil en todos los niveles", me comentaba Rob. "En resumen, todo este desastre se podía evitar".

Un pastor de una iglesia de universitarios a la cual asistí hace unos pocos años atravesó por esta misma experiencia. Un martes en la noche, la iglesia se abarrotó debido al servicio universitario que se celebraría, como solía suceder pero el pastor no llegaba. Todos dábamos vueltas sobre el púlpito por alrededor de quince minutos antes de que uno de los líderes de la iglesia llegó e informó a todos, alrededor de tres mil personas, que nuestro pastor y héroe estaba relacionado con la inmoralidad, que necesitaba dimitir de su cargo. Qué noche. Incluso si usted no es pastor de una gran iglesia, nunca cuestione el número de personas a las cuales toca su vida.

Cuando un adolescente dice: "Papá, por favor sé un héroe", está pidiéndole que haga lo que usted dice que va a hacer, en las grandes y pequeñas áreas de su vida. La vieja frase de: "Haz lo que yo digo y no lo que yo hago", no funciona con los adolescentes. Si usted va a ser un héroe, debe vivir de forma auténtica. Esto significa que debe cumplir su palabra, debe admitir abiertamente cuando se equivoca y levantarse una y otra vez.

> **Los adolescentes tienen una asombrosa habilidad para ver a través de cualquier fachada**

Los adolescentes tienen una asombrosa habilidad para ver a través de cualquier fachada. Ellos conocen la diferencia cuando se les está diciendo la verdad o no. Los adolescentes dicen que, a menudo, ven a la iglesia como una especie de club campesino religioso donde las personas van vestidas para impresionar, hablan de cosas buenas y salen por las puertas sin agarrarse a nada de lo que abogaban. Irónicamente los jóvenes son atraídos, a menudo, por las personas que no son cristianas, porque ellos las ven como personas que son menos hipócritas. ¡Esto me duele! La iglesia necesita ser modelo de autenticidad, como lo hizo nuestro Salvador.

El apretón de la inmoralidad y el pecado en las familias puede romperse si dejamos de vivir vidas de dos caras. Y debemos hacerlo, porque Dios está buscando hombres que Él pueda usar y los adolescentes están buscando héroes para que los moldeen a ellos mismos después.

Propósito de proteger

Es casi gracioso ver el nivel de personas angustiadas que hay en los filmes de acción hoy día. Nadie vive dentro de enormes persecuciones de autos, batallas armadas, secuestros y asesinatos y continúa siendo la misma persona. Después de los tiroteos de Columbine, supe de amigos adolescentes que necesitaron dormir entre sus padres por meses a causa de los recuerdos y las pesadillas en sus vidas. Eso es lo que verdaderamente pasa cuando las personas atraviesan una crisis. Columbine fue la representación de los peligros que los adolescentes encaran hoy; física, emocional y espiritualmente. Pero su hijo adolescente no tiene que experimentar algo como Columbine (y oro porque ningún otro adolescente tenga que pasar por eso) para estar en peligro.

Los accidentes automovilísticos, de balas, asaltos sexuales, los desórdenes alimentarios.

Los adultos creen en la seguridad de una forma diferente a la de los adolescentes

El padre tiene la responsabilidad y el privilegio de proveer seguridad y refugio a sus hijos de todos ellos. Un padre que protege no es solo alguien que provee un lugar físico de seguridad, sino también una persona que provee un refugio para el alma. El anhelo de seguridad que tiene un adolescente está atado a un deseo básico que tienen todos los seres humanos de querer saber que alguien superior está velando por ellos. Este es el papel hecho a la medida de un padre.

Los adultos creen en la seguridad de una forma diferente a la de los adolescentes. El escritor Tim Smith explica en su libro *Los siete lamentos de los adolescentes de hoy* que, mientras que los adultos encuentran seguridad en el dinero que tienen invertido y en las buenas posesiones, los adolescentes encuentran seguridad en la estabilidad, en la dependencia y en la regularidad. Se le da una seguridad fundamental al adolescente cuando las acciones de su padre son constantes y confiables.

¿Qué es la protección para un adolescente de hoy? Los adolescentes me dieron las siguientes definiciones:

Brandi, 15 años, de Washington: "Sé que puedo decirle a mi papá cualquier cosa, en cualquier momento y él no juzgará lo que le diga o me hará sentir estúpido por lo que dije".

Jessica, 17 años, de Georgia: "Siempre que salgo con mis amigos mi padre pregunta a dónde voy, con quién voy, a qué hora estaré en casa y si necesito que él me traiga. Realmente no me molesta que me pregunte. Eso me hace saber que él estará allí cuando lo necesite".

Andy, 14 años, de Montana: "Quería ir a un baile que se iba a celebrar en mi escuela, pero mi papá dijo que no. Él sabe que tengo en la actualidad dos amigos que solo van a las fiestas a tomar bebidas alcohólicas".

Padres, entender la necesidad de protección que tienen sus hijos requiere que se involucren en sus vidas.

Ame a la madre de sus hijos

El pasado verano, fui el padrino de la boda de uno de mis más cercanos amigos. Ambos, la novia y el novio, provenían de familias separadas y asistieron a la boda siete padres. Esta pareja, Sean y Brie, determinaron que harían todo lo que estuviera a su alcance para no divorciarse. Dieron todos los pasos correctos en su preparación prematrimonial y aún hoy en su primer aniversario de bodas, establecieron límites para dar a su matrimonio las mejores probabilidades de continuar

Sean y Brie entienden que su primer compromiso es con ellos mismos y el divorcio no es una opción en sus mentes. En un mundo donde una pequeña minoría de familias son hogares de familia originales (lo cual significa que ellos no se rompen o mezclan), es raro encontrar dos jóvenes como los de esta historia. Por causa del gran auge y popularidad que alcanzó el divorcio en las últimas décadas, muchos adolescentes tienen la imagen distorsionada de que el matrimonio es temporal. El divorcio puede ser portador de un mensaje no hablado para un adolescente: El compromiso es temporal. A veces ellos creen que el amor simplemente se muere.

Vivir de forma auténtica como un padre bíblico significa adherirse a las promesas que le hizo a su esposa. Entiendo que algunos de ustedes pueden no estar casados con la madre de su hijo pero una parte de ser un héroe para un adolescente es amar y respetar a su madre, sea ella su esposa o no. Si lo que quiere es perder el respeto de sus hijos adolescentes de forma rápida, comience a hablar mal de su madre. Aun cuando su hijo se enoje con ella o exprese malos sentimientos hacia ella, usted necesita ser más hombre y apoyarla. Si usted trata a su esposa (o a la madre de sus hijos) con respeto, ellos seguirán su ejemplo y su estima hacia usted crecerá.

Mi padre decía muy a menudo que la forma en que un padre puede mostrar amor a un adolescente es amando a su madre. La Biblia ordena a los padres amar a sus esposas como Cristo amó a la iglesia. ¿Cómo se ve el semblante de su esposa? ¿Se siente apreciada, importante y valorada por usted?

Solo en la sección de tarjetas

Cada Día del Padre le regalo a mi papá una tarjeta que dice algo como esto: "Papá, aunque haya crecido, sigo admirándote". Quiero que mi padre sepa que él no solo es mi papá o mi amigo, sino que también es mi héroe.

Fue mi héroe cuando yo era pequeño, mi padre era el gigante que me alzaba sobre sus hombros y continuó siendo mi héroe cuando crecí. Cuando una cajera le dio unos pocos centavos de más en el cambio, él regresó a la tienda a corregir el error. Más de una vez, se detuvo a un lado del camino para ayudar a cambiar un neumático a alguien o solo para darle un empujón al auto. En el invierno, él retiraba con una pala la nieve del camino de entrada a la casa de los vecinos más ancianos. Observando sus pequeñas decisiones, supe que vivió sabiamente en las grandes decisiones. La forma en que conducía su vida trajo seguridad a la mía.

Lo que es interesante para mí hoy es cómo estoy a menudo

solo en el pasillo ante la tarjeta del Día del padre. ¿Quizá porque la selección de la tarjeta es la mitad menos del proceso que culmina con la del Día de la madre? O, tal vez, porque algunas personas están tratando de olvidar estos días festivos. La verdad es, que el mundo está lleno de héroes caídos. Muchos son padres que perdieron el respeto de sus hijos pero todavía existen grandes padres. Todavía hay hombres que tienen hijos que los admiran y se esfuerzan en ser como ellos. Hay padres cuyas hijas los observan para ver cómo es un hombre real y así ellas sabrán qué buscar en un esposo.

Como padre usted es portador de una oportunidad única de ser un héroe para su hijo. La posición de influencia en la vida de sus hijos le permite ser modelo de autenticidad y una correcta relación con Dios, para que ellos tengan un ejemplo a imitar. Por favor, por el bien de mi generación, esfuércese en vivir auténticamente cada día. Ámelos incondicionalmente, respete a sus madres y siga al Señor con todo su corazón. Dé a sus hijos y a otros jóvenes alguien a quien puedan todavía admirar.

Eso es lo que los héroes hacen cada día.

PADRES EN ACCIÓN

Una lista de verificación para el capítulo "Papá, siempre has sido mi héroe"

✔ Cada padre comienza como un gigante para su hijo.

✔ Los héroes encaminan los cambios hacia lo que realmente es importante en la vida.

✔ Usted no puede ser un héroe sin integridad.

✔ Los héroes emplean su fuerza e influencia para proteger, no para explotar.

✔ Ame a la madre de sus hijos adolescentes.

5

Una silla **verde** en todas partes

"Papá, necesito que me escuches"

En el sótano de nuestra casa está situada "La cueva" y en ella está, de hecho, la oficina de mi padre. Esta última nunca ganará ningún premio de decoración de interiores. Las paredes son de dos por cuatro metros. Papá consiguió un viejo escritorio de metal en un basurero años atrás y allí está, desde entonces, en nuestro sótano.

La silla es la única reliquia que queda de los días de soltero de mi padre. Mamá le hizo botar todo lo demás. Tiene un color así como verde mareado con un tejido de marfil floreado. Es de respaldo alto y pica; definitivamente una silla en la cual usted se acurrucaría. Papá le atornilló una tabla en el fondo para que no nos cayéramos al sentarnos. Tengo derecho a ella algún día. Me gusta mucho ese viejo trozo de tela y acero.

La silla siempre estaba dispuesta. A cualquier hora, cuando cualquiera de nosotros quisiéramos, podíamos descender al sótano, sentarnos en la silla verde y liberar nuestras inquietudes con nuestro padre. Se convirtió en una regla no escrita de nuestra familia que en cualquier momento en que uno de nosotros se sentara en "La silla", papá haría un alto en lo que estaba haciendo y conversaría acerca del asunto de nuestra elección.

Recuerdo un día, durante mi segundo año en la escuela secundaria, cuando las horas no podían ir lo suficientemente rápido, no pude esperar a que mi padre se metiera en su oficina aquella noche, así que fui hacia "La silla". Aquella mañana, en la clase de biología, habíamos estudiado los sistemas reproductivos humanos, específicamente la anatomía femenina. Mi mente se inundó de preguntas; sabía que no podía preguntar a mis amigos de la escuela; estaban tan confundidos como yo. No hubo forma de que fuera a hablar con mi mamá; era una mujer. Mis dudas tenían que ser despejadas en "La silla". Después de cenar aquella noche, papá se fue al sótano y yo lo seguí pisándole los talones.

"Papá", comencé. "El profesor puso este gráfico sobre la pared..." La charla de aquella noche no fue la única que tuvimos de esa clase. Muchas de mis visitas a la silla verde se debían a preguntas acerca de las muchachas, otras veces me preguntaba cosas acerca de Dios o simplemente acerca del proceso de crecimiento físico. La silla verde era más que un simple colchón de lucha para mis problemas; se convirtió en mi santuario, un podio sobre el cual dar descanso a mi corazón, un huerto seguro de crecimiento para mí, mental, espiritual y emocionalmente. Más que nada, los tiempos que pasé en la silla verde profundizaron las raíces de mi relación con mi padre, preparándome para una franqueza con él para toda la vida.

Papá, escúchame

Los años de la adolescencia están llenos de nuevas experiencias. Las preguntas aparecen por doquier, súmele a eso, que sus hijos e hijas viven en un mundo de sobrecarga. Eso significa que están desesperados por que alguien los escuche. Tener un lugar seguro para hablar, algo así como una silla verde, es muy importante para un adolescente. Nunca esperé que mi padre estuviera apto para responder todas mis preguntas cuando iba y me sentaba en "La silla"; yo solo necesitaba a alguien que escuchara fielmente y él lo hacía.

Mi padre me mostraba la diferencia que hay entre escuchar y oír

En una encuesta reciente se les preguntó a los adolescentes: "¿Si no hablas con tus padres, por qué no lo haces?" La respuesta más común fue: "Porque mis padres no me escuchan" ¡Uy!

En "La silla", mi padre me mostraba la diferencia que hay entre escuchar y oír. Escuchar implica prestar atención y procesar lo que se dice para animar, guiar o desafiar mi pensamiento. Oír es solo el proceso de dejarme hablar mientras su mente está en otro lugar, eso rara vez pasó. Mi padre siempre se esforzó por escucharme. Luego de que yo hablara por un tiempo, el podía resumir lo que había dicho. Se convirtió en un "estudiante" de mí, a menudo me estudiaba con gran intensidad. Él escuchaba acerca de mis penas, frustraciones, esperanzas y sueños. Escucharme era otra forma de demostrarme que me amaba.

Los adolescentes necesitan que se les escuche —esto es absolutamente esencial—, pero muchos de ellos no cuentan con

Escucharme era otra forma de demostrarme que me amaba

este recurso en un padre. Creo que la quinta cosa que los adolescentes quieren decir a sus padres (pero que no lo hacen) es esta: *Papá, por favor, escúchame.* He aquí lo que otros adolescentes dicen con respecto a esta necesidad: "Le tomó un tiempo a mi padre comprender que él no tiene que resolver todos mis problemas", dice Meghann, de quince años y de Carolina del Norte, "pero ahora él es realmente bueno en escuchar sin tratar de ofrecer consejos todo el tiempo. Salimos a tomar helado casi todas las semanas, cada uno pide el helado que le gusta y luego hablamos".

"Mi padre lo único que hace es gritar", dice Jamie, de dieciséis años y de Minnesota. "El otro día me dijo que no podía salir en el automóvil porque no había terminado mi tarea. No tenía mucho que hacer y podía terminarla más tarde pero él no escuchaba. Eso me enfureció".

"No hubo forma alguna en la que yo le pudiera decir a mi padre como había perdido la cabeza por alguien en Seth", dijo Julia, de catorce años, del estado de Georgia. "Todo lo que siempre me dice es: 'Habla con tu mamá', pero no quiero hablar con ella. De todos modos, ella no es mi madre verdadera".

"Mi padre y yo jugamos hockey sobre la cancha en patines por nuestra iglesia", dijo Doug, de quince años, de Ontario. "Tenemos una llave del gimnasio, así que podemos ir muy tarde cuando ya no hay nadie allí. A veces cuando terminamos de jugar, conversamos acerca de cosas mientras patinamos por el gimnasio".

"Mi papá siempre está dispuesto a hablar con mi hermana,

pero no conmigo", dijo Brad, de diecisiete años, Florida. "Él jugaba baloncesto en la escuela secundaria, ella también. Imagino que ellos tienen eso en común. Ojalá pudiera hablar más con él, particularmente ahora que mi novia está embarazada pero él dice que ahora menos. ¡Qué bueno! Conseguí un trabajo en la puerta de la fábrica. Ahora podré hacer algo de dinero".

Pero quizá escuchar es algo imposible o como una pérdida de tiempo con sus adolescentes. Quizá usted ha situado varias "sillas verdes" en la vida de su hijo e hija y está esperando a que ellos se sienten en ellas. ¿Cuáles son algunas de las claves para conocer cómo escuchar a su hijo adolescente? Mi padre y yo traemos algunas sugerencias que han resultado con una gran cantidad de padres y adolescentes:

Escuche al corazón, no solo las palabras

Cuando los adolescentes le piden que los escuchen, lo que realmente quieren es que usted se involucre en sus vidas. Escuchar puede comenzar como si disparara al aire pero probablemente pronto se irá profundizando más y más. Para los adolescentes, pedirle que los escuchen es realmente una súplica para la interacción sincera. El adolescente le está rogando: "Papá, por favor, involúcrate en quién soy". Ellos quieren su participación en un nivel emocional mientras experimentan la vida por primera vez.

Piense acerca de todos los adolescentes que atraviesan las edades entre los trece y los diecinueve años. Pueden experimentar desconcierto debido a sus fluctuaciones hormonales, miedo sobre el futuro, ansiedad debido a un nuevo trabajo, estrés por cualquiera de las muchas presiones en la escuela o muchas otras.

La emoción que usted ve no siempre va a coincidir con lo que el adolescente está diciendo

Todas estas nuevas experiencias pueden inundar las mentes y los corazones jóvenes y cualquier cosa nueva producirá algún tipo de emoción. En este punto es donde esto puede resultar algo difícil, porque la emoción que usted ve no siempre va a coincidir con lo que el adolescente está diciendo, al menos en su mente.

En la mente adolescente, los sentimientos pueden, a menudo, dejar atrás a los hechos que ellos representan. Para mi padre, esto demandaba mucha paciencia y se necesitaba agregar sensibilidad cuando me escuchaba. Más de una vez vine a mi padre en un estado emocional de agitación poco claro. Tuve que expresar lo que estaba en mi corazón, así como lo que estaba en mi mente ¡Y cualquier cosa que estaba en mi corazón en ese momento de seguro era algo grande! Para mi padre, a veces era fácil ver a través de mis sentimientos y la solución aparecía tan llana y sencilla como un día soleado pero aún así era importante que él no restara importancia a mis sentimientos, no obstante de lo extraño que ellos pudieran haber sonado. Quería que él escuchara a mi corazón, no solo mis palabras.

Entienda lo que es real en la vida de un adolescente

Me he encontrado con Josh McDowell en varios compromisos para hablar que he tenido y hemos entablado una amistad. Una vez conducíamos hacia su cabaña en Colorado. Durante el camino por las carreteras ventosas hablamos de las emociones confusas que los jóvenes a veces experimentan, aun a veces sobre cosas pequeñas. Él lo expresó de una manera mejor: "Necesitamos darnos cuenta de que el amor de las mascotas es real para la mascota". ¡Estaba en lo cierto! Desde el romance hasta el miedo, si pudiéramos captar cuán reales son los sentimientos para un adolescente, estaríamos mejor preparados para ayudarlos a atravesar por cualquier asunto que ellos enfrenten.

Padres, no hay nada que puedan hacer, realmente, para cambiar las emociones de un adolescente. A veces los adolescentes vienen a usted con problemas que ellos creen son enormes, incluso insuperables y que para la mente de un adulto, puede que no sea nada. Los adolescentes pueden tomar lo que parece un problema del tamaño de una pulga y convertirlo más grande que un dinosaurio en sus mentes. Sus emociones entonces hacen lo mismo, lo cual, sucesivamente puede repercutir en sus acciones y las acciones pueden estar por todos lados.

¿Alguna vez ha escuchado a su hijo adolescente dándole lo que parece una versión de los hechos algo rimbombante o proponiéndole alguna decisión ilógica, solo para devolver el eco de la incredulidad o el juicio?

- "¿Tu pastor de jóvenes te aborrece? ¿Estás seguro? Justo la semana pasada dijiste que era la mejor persona que jamás habías conocido".
- "¿Qué quieres decir con eso de que nunca le volverás a hablar a Melissa otra vez? Todo lo que te dijo fue que le gustaba el mismo muchacho que te gusta a ti".
- "¿Quieres desaparecer de la escuela secundaria porque nadie te invitó al baile?"

Deje que su hijo adolescente hable sin disminuir, de forma inmediata, la magnitud de sus ideas

Realmente, las reacciones de los padres en todas estas declaraciones tienen mucho que ver (*o tienen mucho sentido*), pero ellos pierden el punto central: ¡Todas las emociones son válidas para quienquiera que las experimente! Y si estos tipos de reacciones son las que establecen el tono para lo que el padre dirá luego. Estas reacciones probablemente causarán más daño que bien. En resumen: Deje que su hijo adolescente hable sin disminuir, de forma inmediata, la magnitud de sus ideas. El ambiente de atención y receptividad que usted establezca recorrerá un largo trecho para ayudar al adolescente a descubrir sus propias soluciones. Por supuesto, el tiempo de lucidez puede ser aún asombroso, la retroalimentación necesita llegar más temprano o más tarde. En sus años de adolescencia, mi hermano Jake tenía un vínculo emocional con todo lo que tendiera a dictarle su humor y sus acciones. Si él tenía su corazón puesto en algo, hablaba acerca de eso, fantaseaba sobre eso e incluso planificaba su vida alrededor de eso.

Una vez, cuando Jake tenía trece años, se convirtió en un virtuoso del yoyo. Llegó a ser muy bueno y ofrecía espectáculos para la familia y los amigos. Él vio en un catálogo algo sin lo que pensaba no poder vivir: Una funda de yoyo, algo para tener sujeto el yoyo al cinto cuando no se usaba. Jake se obsesionó, realmente tenía que tener la funda. Mi padre pensó que la funda podía esperar. Él le dijo a Jake que eso no era algo que él necesitaba para seguir desarrollando el arte del yoyo pero Jake no se rendiría. Él suplicó, lloriqueó y habló de una forma dulce. Continuó haciéndolo por cuatro horas. Finalmente, mi padre estaba harto. Él pronunció la frase que se convirtió en un clásico familiar para los años subsiguientes: *"¡Jake, el caballo está muerto! ¡Desmóntate!"*

Para muchos adolescentes así como Jake, las emociones fuertes pueden convertirse en una lupa, a través de la cual ellos ven la vida. Mi padre, aun cuando le puso frenos a Jake en aquel momento, sabía que las emociones fuertes, incluso para algo tan simple como una funda de yoyo, son reales y justificables para el adolescente. Pacientemente, él escuchó y escuchó pero Jake hubiera esperado para siempre.

¡En tiempos como ese, pídale a Dios que le dé su propio clásico familiar!

La paciencia viene antes de las soluciones

En nuestra familia, a mi padre no le tomó mucho tiempo aprender que no se puede ir a toda carrera hacia las soluciones, es mejor ayudar a los muchachos a encontrarlas por sí mismos —normalmente de forma lenta–, escuchándolos. Esto es cierto, especialmente con mis hermanas. Cuando ellas abren sus corazones, lo que causa que ellas continúen haciéndolo es la atención de mi padre. Lo he visto hablándoles. A veces todo lo que hace es hacer preguntas pero otras veces, luego de que mis hermanas terminan de hablar, ellas le preguntan: "Y bien, ¿qué crees de eso?" Esto es lo que le da la entrada (el pie forzado). La pregunta abre de golpe la puerta a la sabiduría de mi papa. ¡Él no tiene que forzar el consejo, porque ellas se lo han pedido!

Los padres que respeto dicen que si ellos son pacientes y escuchan realmente, sus hijos o hijas continuarán abriéndose y siendo susceptibles con ellos. Si los padres no escuchan y son de pocas palabras, ahogan las emociones de sus hijos adolescentes los cuales pondrán rápidamente murallas alrededor de sus corazones y no permitirán que sus padres estén dentro de estas.

Los padres que respeto dicen que existen grandes beneficios simplemente al escuchar o al hacer preguntas antes de hablar. Escuchar le permitirá llegar al nivel de los adolescentes y le ayudará a comprender dónde ellos están y qué está pasando por sus mentes. Esto lo prepara mejor cuando ellos sí le pidan un consejo. Conocerá mejor cómo satisfacer sus necesidades e identificarse con ellos, porque usted escuchó primero el corazón de ellos. Descubrirá, como un padre, lo que guía los pensamientos de su hijo adolescente. Será capaz de escuchar las palabras detrás de las palabras y descubrir lo que influye en sus mentes y quién está influenciando en sus corazones. Escuchándolos, ellos estarán entonces preparados y más dispuestos a obedecerle. Recibirán sus palabras y aun se las pedirán, porque usted se tomó su tiempo para hablar con ellos. Su hijo adolescente quiere conocer lo que usted piensa *luego* de comunicarle lo que él piensa.

La oportunidad de expresarse a sí mismos les proporciona valor

Mi padre dice a menudo en sus seminarios cuán valioso es ser capaz de influenciar *a los adolescentes* en sus decisiones. Los adolescentes se enfrentan con nuevas experiencias y oportunidades (buenas y malas) que desafían sus emociones, razonamientos, sueños y decisiones por sí solos. El problema es que ellos a menudo han limitado el entendimiento y aplicado el conocimiento con lo cual hacer las mejores elecciones por sí mismos. Los adolescentes a menudo tratarán de desarrollar su identidad y lo que ellos sostienen "probando" sus ideas y opiniones. La oportunidad de expresarse a sí mismos les proporciona valor, porque sienten que lo que ellos tienen que decir importa. Esto es uno de los más grandes momentos para un padre que aconseja a sus jóvenes adultos, dice mi padre, a través de escuchar y guiar su proceso de decisión mientras ellos enfrentan estas nuevas y diarias "pruebas y rupturas" en la vida.

Escuche con su presencia, no solo con sus oídos

Craig, mi amigo de la escuela secundaria, me contó que luego de los tiroteos en Columbine él no recordaba ninguna de las palabras reconfortantes que sus padres le dijeron, ni una, *pero recuerda que ellos estaban allí*. La presencia es una de las formas más poderosas en que los padres pueden oír a los adolescentes. Algunos padres tienen la intención de pasar tiempo disfrutando con sus hijos adolescentes. Ellos piensan que si un acontecimiento está correcto, un momento memorable ocurrirá también. Esto a veces es verdad pero pienso que los mejores tiempos de disfrute provienen de grandes cantidades de tiempo empleado. Cuando usted está alrededor de sus hijos adolescentes generalmente, no solo en experiencias planificadas, sino todas las noches y fines de semana cuando las cosas cotidianas suceden, ahí es cuando sus hijos hablarán, a menudo, las cosas más importantes.

Un padre es un socio proporcionado por Dios para caminar junto a un adolescente a lo largo de su vida. Un adolescente simplemente anhela que usted esté allí pero no para ser sermoneado; pues ellos ya tienen suficiente para examinar y comprender. Estos quieren a alguien con quien puedan desahogarse acerca de lo que están experimentando.

Busque oportunidades sorprendentes

¿Ha notado alguna vez que las oportunidades para escuchar vienen en los tiempos que menos usted espera? He aquí lo que algunos de los adolescentes me contaron:

"Mi padre es un líder en mi grupo de jóvenes", dijo Gary, de catorce años y de Carolina del Sur. Una noche después de un concierto yo estaba un poco disgustado afuera, cerca de las furgonetas. Mi padre me llevó a un lado y me preguntó qué estaba pasando. Le conté que extrañaba a mi amigo Tyler, de cuarto grado. No vivíamos cerca de Tyler desde que nos mudamos cinco años atrás. Mi padre solo escuchó. Realmente pienso que extraño a Tyler porque no he sido capaz de hacer muchos amigos desde que cambié de escuelas este año".

Las oportunidades para escuchar vienen en los tiempos que menos usted espera

"Esto suena algo tonto", dijo Carly, de trece años, del estado de Iowa, "pero mi padre todavía me lee historias antes de ir a dormir. Hemos estado leyendo todos los libros de Narnia otra vez. Parece como si hubiera mucho más acerca de Dios en ellos esta vez".

"El otro día mi padre y yo paramos en una tienda de víveres", dijo Micky, de quince años, California. "Él dijo que estábamos en un aprieto y que debía permanecer en el auto pero yo quería realmente ir a la tienda. Él dijo no y se puso como si estuviera enfadado. Así que me quedé en el auto. Más tarde, cuando apareció, se disculpó por gritarme. Cuando íbamos camino a casa comenzamos a hablar acerca de cuando él era joven y su padre se ponía furioso con él. Ahora sé por qué actúa de la forma en que lo hace algunas veces".

"He estado ayudando a mi padre a construir nuestra nueva casa", dijo Ryan, de dieciséis años, Washington. "Pasamos toda la semana anterior trabajando en el tejado. Mientras martillamos, él siempre me pregunta acerca de Dios, acerca de lo que estoy leyendo en la Biblia y otras cosas. Me hace pensar mucho".

Mientras más tiempo usted pase con sus hijos adolescentes, más oportunidades encontrará para hablarles. A veces una pregunta o dos son necesarias, a veces no y si su hijo no habla, eso pudiera estar bien también. Él conoce que usted está allí y cuando quiera hablar, tendrá la oportunidad de hacerlo.

Una silla verde en todas partes

No estoy en la casa de mis padres tanto como cuando era un adolescente pero cada vez que estoy en casa, todavía hago uso de "La silla". El otro día estuve batallando con una decisión de negocios, estaba pensando en abrir un negocio de café pero todavía estoy estudiando, mis estudios y compromisos para hablar en acontecimientos, me toman mucho tiempo. Después de la cena, papá bajó las escaleras y yo le seguí pisándole los talones.

La silla está tan áspera como siempre, sigue llena de bultos en el cojín. El alto espaldar te empuja la cabeza hacia adelante cuando la reclinas contra él pero yo hablé y papá escuchó.

Todavía no he llegado a una conclusión acerca del negocio de café pero mis pensamientos están mucho más claros desde que hablé con mi padre. No importa cómo se torne el negocio, sé que él me apoya. Años de hablar en "La silla" han hecho su trabajo.

PADRES EN ACCIÓN

Una lista de verificación para el capítulo "Necesito que me escuches"

✔ ¿Por qué no hacer, de escuchar *bien*, un recuerdo familiar?

✔ El escuchar paciente viene antes de las soluciones.

✔ Escuche al corazón, no solo las palabras.

✔ Mire a los ojos de su hijo.

✔ Dé su *total* atención (su hijo adolescente lo merece).

6

El poder de tu propia historia
"Papá, sé auténtico conmigo"

Él era alto y un poco encorvado. Tenía una cicatriz irregular sobre su ojo izquierdo.

"Mi nombre es Tom", dijo. Su voz era temblorosa como si tuviera mucho en su mente. Tom era uno de los padres en el almuerzo de los hombres de oración. Yo justamente había terminado de hablar a los padres acerca de lo que los adolescentes quisieran poder decirles.

"Fue ese punto que usted abordó acerca de ser auténtico con mi hijo adolescente", dijo Tom. "Eso fue duro de oír para mí. No sé si podré hacer eso con mi hija. No quiero perderla completamente..."

Tom comenzó a llorar en ese momento. Me explicó que había pasado un año en la cárcel. Su pasado estaba marcado por el uso de las drogas, la inmoralidad y las borracheras pero en la cárcel había comenzado una relación con Cristo y que ahora estaba viviendo una vida transformada.

"Lo que temo es esto", dijo Tom. "Mi hija no sabe dónde estuve el año pasado. Creo que su mamá le dijo que yo estaba de viaje. Tengo miedo de que cuando mi hija descubra la verdad, no me respete más. Yo no sé si podré manejar esa situación".

La verdad de su vida

Tom levantó una gran pregunta: ¿Cuántas de sus experiencias anteriores y luchas diarias comparte con sus hijos adolescentes? ¿Cómo respondería un adolescente a la pregunta de Tom? Creo que la sexta cosa que los adolescentes quieren decir a sus padres (pero que no lo hacen) es esta: *Papá, por favor, sé auténtico conmigo.*

Los adolescentes me cuentan que ellos quieren saber la verdad. Ellos quieren ver y conocer a un padre auténtico. También es cierto que ellos pueden no necesitar, o incluso saber, cada detalle acerca de dónde usted ha estado y está actualmente. Yo animé a Tom a ir y hablar con su hija acerca de dónde él cayó en el pasado y a contarle la verdad acerca de su tiempo en la cárcel. Le advertí no hacerlo todo de una vez, sino en el tiempo que le permita a su hija conocer mejor a su padre y aprender de sus errores. La autenticidad demanda susceptibilidad. Criar a un adolescente significa que usted debe comenzar por abrir la caja fuerte de los secretos de su propia vida, no solo sacar los trapos sucios, sino también guiarlos y ayudarlos para que eviten cometer los mismos errores que usted cometió.

Los adolescentes son ágiles en notar una fachada

Cuando hablo con los adolescentes acerca de lo que significa ser auténtico, les hablo de tres áreas vitales de la honestidad que ayudan a exponer la verdad acerca de quiénes son ellos. Les digo que primeramente debemos ser francos con Dios acerca de quién es Él y quiénes somos en Él. Segundo, que debemos ser sinceros con nosotros mismos acerca de quiénes somos y no solo de quiénes dicen las personas que somos. Finalmente, hablo de la forma en que necesitamos ser francos con el mundo, viviendo una vida con valentía y nuestra fe sin vergüenza alguna. Al final, sencillamente recomendamos vivir honradamente. Justo cuando sus hijos adolescentes piden que usted sea genuino con ellos, su ejemplo y comprensión en sus vidas les ayudarán a entender que el vivir de forma auténtica proporciona un camino hacia una verdadera identidad.

Los adolescentes son ágiles en notar una fachada. Si usted les esconde algo, ellos le esconderán algo a usted. Los adolescentes quieren que exprese no solo buenos puntos o dichos sabios, sino historias reales... acerca de usted. Ellos quieren saber que usted enfrentó lo que ellos están enfrentando ahora. Cuando le cuenta a su hijo adolescente historias de la vida real, será capaz de relacionarse con él en una mejor manera que cualquier sermón de tres puntos que usted le dé.

Mi padre cuenta en sus seminarios acerca de la crianza de los hijos que una lección que él y mi madre aprendieron de sus hijos es que la susceptibilidad es una llave que abre la intimidad. Mi padre y mi madre trataron de dar a conocer sus pasados, malas y buenas experiencias, en un esfuerzo por guiarnos de tal manera que hiciéramos buenas elecciones de forma similar y que no cometiéramos los mismos errores. Sus discusiones con nosotros se centraban en las decisiones que ellos tomaron, por qué las tomaron y también, sobre las consecuencias que todavía los impresionan hoy. Los adolescentes necesitan comprender que algunas de las decisiones que ellos toman hoy pueden tener repercusiones físicas y emocionales para toda la vida. Ayudando a los adolescentes a centrarse en las consecuencias, el deseo de un padre es preparar a su hijo adolescente con el conocimiento previo que lo guardará de caer; pero ¿cómo usted sabe qué va y qué no va a comunicar?

Pero ¿cómo usted sabe qué va y qué no va a comunicar?

Mi padre dice que, como saldo final, sus criterios involucran conocer dónde estaban sus hijos. Conociendo nuestros niveles de madurez espiritual, emocional y social él solo expresó lo que creía que nosotros estábamos preparados para oír. Nunca nos contó historias para glorificar su pasado, particularmente cuando a veces su pasado no glorificó a Cristo. Su objetivo con cada historia era que aprendiéramos de ella. Él también calificaba las historias diciéndonos, de forma repetida, que las elecciones tienen consecuencias y que el plan de Dios para nuestras vidas incluye que le sigamos a Él con todo el corazón.

Un pasaje a la adultez

¿Cuál es la clave para saber dónde se encuentra su hijo adolescente en su progresión a la adultez? Este proceso es más difícil hoy, porque a diferencia de otras culturas, nuestra sociedad del oeste tiene pocas ceremonias para marcar etapas de madurez y desarrollo. En algunos grupos tribales de África, cada adolescente masculino tiene que matar un león antes de ser aceptado como un adulto. Otras culturas tratan con gran respeto y celebración la aparición de la menstruación en las jóvenes mujeres. Un enorme beneficio de las ceremonias es que ellas son claras y sin ambigüedades, y el mensaje es público. Antes de que se celebre la ceremonia, usted es un niño. Después de la misma, usted es un adulto.

Un rito de iniciación es una forma en la que usted como padre –y la cultura que su familia tiene– puede hacer perdurar en el tiempo su historia para la siguiente generación. Las ceremonias y celebraciones formalmente reconocen, aceptan y dan la bienvenida al joven en la adultez pero ellas sirven además como un documento de identidad: "Este es quien soy". Pueden hacer que la herencia de su hijo adolescente sea real y poderosa para él o ella en los años subsiguientes.

Las cosas que tenemos en Norteamérica que más se acercan a las ceremonias de iniciación son la obtención de la licencia de conducción y la graduación de una persona. En el Sur celebramos los bailes de debutantes. De eso se trata, aun así los adolescentes con licencias de conducción difícilmente son vistos como personas crecidas. Parece que tenemos una larga rampa para llegar a la adultez en esta sociedad.

Creo que quedan muchas cosas por decir de iglesias y familias que crean ceremonias de iniciación para sus adolescentes. En mi familia tenemos creada una ceremonia como esta, no tiene un nombre formal pero es como una especie de *mitzvah* cristiano y consta de dos partes. La primera es un fin de semana fuera con mamá y papá cuando se cumplen los doce años. Mis hermanas, cada una, estuvieron fuera con mi madre, mi hermano y yo lo hicimos así con mi padre. Fue un tiempo maravilloso. Podíamos ir a algún lugar que significara algo para nosotros, un buen hotel o ir de campismo. Comíamos buena comida y hacíamos algo divertido juntos. También podíamos tener mucho tiempo para andar juntos y hablar.

Una de las decepciones más grandes de nuestra cultura es el significado que tiene el sexo

Para aquel fin de semana, mis padres crearon el contexto apropiado, ahora que ya hemos alcanzado la madurez adecuada, para hablar con nosotros de la mejor manera acerca del sexo y de la necesidad de abstinencia. Estos fueron fines de semanas de informaciones, alertas, ánimo y preparación pero, más que todo, de autenticidad. La susceptibilidad de mis padres era el poder con el cual fuimos equipados como niños para enfrentar las elecciones que una vez ellos enfrentaron.

La segunda parte de esta ceremonia tenía lugar cuando cada uno de nosotros cumplió quince años, nosotros lo llamábamos nuestro: "Rito de iniciación". Por seis semanas, cada uno de nosotros hacía un estudio de la Biblia todas las noches con mamá o papá. Podíamos hablar acerca de modelos de conducta, elecciones y lo que significaba ser un adulto cristiano. Cada semana también teníamos que identificar a seis adultos a quien considerásemos modelos de conducta. Cada adulto debía exhibir una característica diferente. Uno tenía que ser un buen líder, otro tenía que ser un buen oyente, etcétera. Luego llamábamos a cada uno de nuestros modelos de conducta al final de cada semana para hacerles preguntas y pedirles que oraran por nosotros. Una vez más, la susceptibilidad de mis padres durante esos tiempos fue muy importante. A veces, los estudios de la Biblia se convertían en charlas donde mi padre me decía historias de su vida.

Reclamar el regalo –y la responsabilidad– del sexo

A menudo hablo a los adolescentes acerca de la tentación sexual y de cómo la apertura sexual es el cáncer en las almas de muchas personas. Mi primera pasión en la vida es ir y hablar del evangelio de Jesucristo con jóvenes pero hay como una epidemia de obsesión sexual entre los adolescentes que siento que necesito constantemente orientar esta área de sus vidas.

Una de las decepciones más grandes de nuestra cultura es el significado que tiene el sexo. Lo que nuestra sociedad promueve y legaliza no es siempre algo moral. Pero Dios creó el sexo y lo bendijo en la unión de dos personas comprometidas una con la otra, legalmente y para toda la vida. Mi padre siempre enfatiza en sus seminarios que los adolescentes necesitan conocer por qué Dios creó el sexo solo para el matrimonio. El propósito de los programas de abstinencia no es solo prevenir las relaciones sexuales en la adolescencia, sino también guiar a los jóvenes hacia una intimidad más grandiosa una vez que se casen.

Desdichadamente, el sexo inmoral es el dios de esta generación; es la droga que más adolescentes están experimentando en edades cada vez más y más tempranas. Los adolescentes me cuentan que el sexo ha perdido, en realidad la característica de intimidad y es considerado actualmente solo como un encuentro social entre dos personas. Podríamos culpar a Hollywood, a los comerciales, a los anuncios de las revistas o políticos pero realmente no importa lo que expande esta idea, sino lo que es contrario a esta (o va en sentido contrario). ¿Qué es lo que he oído en esta arena? No lo creería.

- Tengo a un muchacho de trece años quien me cuenta de que cada día después de la escuela él va a la casa de un amigo con un grupo de chicos. Ellos se juntan alrededor del televisor y miran un vídeo pornográfico mientras todos se masturban.
- Uno de quince años me contó que todos los chicos en su grado hacen referencia al sexo como un *enganche*. "El sexo es tan casual como salir con alguien", me dijo. "Es como si esperaran que tú *te engancharas* con una persona si ya saliste con ella una o dos veces".
- El invierno pasado hablé en un campamento en Wisconsin donde dos muchachas de dieciséis años me contaron que decidieron, antes de venir al campamento, que perderían su virginidad aquel fin de semana. Cuando pregunté por qué, dijeron que porque no tenían razones para no hacerlo. Les pregunté si ellas tenían miedo de contraer alguna enfermedad, quedar embarazadas o de ser sorprendidas por sus padres. Ellas dijeron que no había una consecuencia a la que le temieran que les evitaría hacer lo que tenían planeado.
- Una de diecisiete años me contó que todas sus amigas estaban muy interesadas en el lesbianismo. "Es como una cosa nueva que hacer", me dijo. "Besé a una amiga en una fiesta la semana pasada. No me gustó pero me alegra haberlo intentado".
- Dos estudiantes adolescentes me contaron que un grupo

de sus amigos se estaban reuniendo detrás de la escuela por varias semanas para experimentar con el sexo oral. Todos allí sabían eso pero nadie parecía pensar que el problema era tan grande.

Seguramente uno de los asuntos más críticos para orientar con los adolescentes es la consecuencia de sus elecciones sexuales. Los adolescentes tienden a tener un sentido de invencibilidad, creen que nada puede pasarles, nunca. Es por esto que ellos necesitan su susceptibilidad. Un adolescente puede no escuchar las estadísticas de lo que pudiera pasar si él o ella hacen la elección incorrecta pero los adolescentes recordarán las historias que usted les cuente de su pasado cuando tuvo que enfrentarse a similares decisiones. Si usted eligió la forma correcta o cayó en la tentación, de cualquier forma su historia los inspirará a huir, o les dará una alerta si están a punto de caer.

De todos modos, la ayuda más importante contra la tentación no son las consecuencias, sino el temor al Señor. Cuando la esposa de Potifar tentó a José a ir a la cama con ella, él le dijo: "¿cómo, pues, haría yo este grande mal, y pecaría contra Dios?" (Gn. 39:9). El temor al Señor significa que un adolescente aprenda a respetar la justicia de Dios. Su historia personal junto con los mandamientos que están en las Escrituras, lo levantarán victorioso cuando se enfrente cara a cara con el pecado. Cuando los adolescentes quieren entender cuán lejos se puede llegar físicamente, usted puede llevarlos a las Escrituras como Efesios 5:3. Aquí la Palabra de Dios deja bien claro que sus límites para la inmoralidad sexual "no son ni siquiera un indicio". Mostrarles esta porción de las Escrituras, no en un sermón, sino en una historia de su vida, los preparará fuertemente para poner altas normas con un novio o una novia.

¿Cuáles son algunos ejemplos de éxito que he visto en esta área? Oiga a algunos de los adolescentes a los que he hablado:

"Mi padre salió con muchas personas antes de que conociera a mi mamá", dijo Andrew, de quince años, de Oklahoma, "pero decidió que no la besaría antes de proponerle matrimonio a ella. Una noche se propuso decirle que la amaba desde la primera vez y luego se besaron. Se casaron seis semanas más tarde. Esto fue muy bueno.

"Cuando mi padre estaba en la universidad se comprometió dos veces", dijo Curtis, de dieciocho años, de California, "pero sé que él nunca tuvo sexo con ninguna de las dos muchachas porque me lo comentó".

"Mi mamá nunca me da muchos detalles acerca de los chicos con los que salió antes de conocer a mi padre", dijo Hannah, de catorce años, de Texas, "pero siempre me dice que nunca salga con alguien solo porque quiera un novio. Ella hizo eso un par de veces y nunca terminó bien".

"Sé que mis padres 'lo hicieron' antes de casarse, porque su aniversario es solo cinco meses después de mi cumpleaños", dijo Mick, de diecisiete, Pennsylvania. "Ellos dicen que eran muy felices por tenerme, pero que era duro para ellos ser tan jóvenes y tener un hijo. Imagino que eso siempre marcó una gran impresión en mí para esperar".

El usted auténtico, auténtica redención

Padres, sus hijos adolescentes quieren que sean auténticos con ellos pero con el conocimiento viene la responsabilidad y usted debe asegurarse que ellos están listos para manejarla. Hablar de su pasado debe llegar en la forma adecuada, en el contexto adecuado y con la madurez adecuada en el hijo. Dar la responsabilidad a su hijo, a través del conocimiento, mientras ellos están listos para esto, los preparará mejor para el camino de la vida por sí solos.

Para mi padre, sé que una de las razones por las que él tenía miedo de dar a conocer su pasado con nosotros era que temía que usáramos eso en su contra. Él nunca quiso que nosotros pasáramos y experimentáramos algo sobre lo que él nos había contado y luego decir: "Bueno, papá, tú lo hiciste cuando tenías mi edad". Mi padre nos contará historias acerca de su pasado y siempre lo certificará con la declaración: "Eso fue a.C." (significa antes de Cristo). Él siempre quiso dejar bien claro que sus errores sucedieron antes de tener una relación con Cristo y de que su vida cambiara. Y nosotros sus hijos respetamos eso. Hay como una promesa no expresada de no utilizar nada que mi padre hizo "a.C." contra él.

Padres, mientras abren sus corazones sobre los asuntos de su vida, sus hijos adolescentes abrirán sus mentes y serán capaces de tomar sabias decisiones, porque fueron preparados con su sabiduría. Ser auténticos es la forma más eficaz de pastorear el corazón de un adolescente y abre las puertas para Dios a fin de dar a conocer la redención que ha ocurrido –y continúa ocurriendo– en su vida con su hijo. Por supuesto, la susceptibilidad en cualquier nivel es difícil pero le animo a pedirle a Dios que le muestre cómo utilizar las verdades de su vida para preparar a sus hijos de grandiosas maneras para el camino que tienen por delante.

PADRES EN ACCIÓN

Una lista de verificación para el capítulo "Sé auténtico conmigo"

✔ La historia de su vida (incluso las partes malas) tiene gran poder para su hijo adolescente.

✔ Viva y hable francamente. Los adolescentes pueden descubrir una farsa.

✔ Sea sensible acerca de lo que su hijo adolescente está listo para oír.

✔ Tiene que mencionar el tema del sexo y enseñar lo que importa, de otra forma, todas las demás influencias (probablemente destructivas) prevalecerán.

✔ La redención cambia a las personas. (¡Difunda la noticia!)

7

Prepararse para el juego
"Papá, por favor, sé mi entrenador"

En mi adolescencia me sorprendí hablando como lo hice cuando tenía cinco años. Todavía podía mirarme en el espejo y decir *ragafrazzalmazzledazzal.*

Todavía podía comer cereal en la mañana y decir *uhummmmm.*

Todavía podía sentarme detrás del volante de un auto y decir *rummmmmm, rummmmmmm, rummmmmmm;* y una de las frases palabra por palabra que dije en ambas temporadas fue esta: *Puedo hacerlo solo.* Fue un anuncio de independencia, era lo suficientemente grande para descubrir cosas por mí mismo. ¿Le suena familiar?

Pero he aquí la parte graciosa de esa frase: Mientras reclamaba libertad, todavía quería a mi padre en mi vida. Quería volar pero también ansiaba desesperadamente su red de seguridad en caso de que me estrellara. Recientemente en un supermercado cerca de mi universidad vi a un niño pequeño caminando por un estrecho borde de la acera con su padre. Mientras el niño se balanceaba, su padre sostenía su mano. El pequeño decía: "Papito, puedo hacerlo solo" y el padre lo dejaba ir. Pero mientras seguía caminando, continuaba con la mano levantada sobre su cabeza como si todavía sostuviera la mano de su padre.

Durante el nivel de influencia, su hijo adolescente está buscando todo un acercamiento diferente

¡Fue todo! Qué gran cuadro de mí en mi adolescencia. Yo quería autodeterminación pero deseaba la presencia de mi padre también. Por años he escuchado a mi padre hablar de "la curva en forma de campana" de las relaciones en la vida de un niño. Me ayudó a comprender la paradoja del "Puedo hacerlo solo" / "Necesito tu ayuda". Así es como funciona:

El lado izquierdo de la curva (el lado que sobresale) se llama el "nivel de impronta" en la vida de un niño. Aquí los niños creen lo que usted cree, o porque les dice que crean. El período de tiempo es generalmente del nacimiento a los siete años, hasta que alcanzan la edad de razonar. Desde los siete hasta los quince (la "campana" de la curva) se llama el "nivel de impresión". Durante este tiempo los niños parecen ser más receptivos a los valores y creencias de usted, cuando comienzan a pensar bien las cosas por sí mismos. En los últimos años de la adolescencia, cerca de los quince a dieciocho años, (la parte descendente de la curva) los chicos se mueven en el "nivel de influencia". Aquí ellos tienden a buscar independencia y se hacen menos receptivos a los valores de sus padres y sus creencias cuando comienzan a probar y determinar por sí solos. Los adolescentes en este nivel todavía lo quieren a su alrededor, ellos solo desean descubrir cosas por sí mismos.

Durante el nivel de influencia, su hijo adolescente está buscando todo un acercamiento diferente con sus padres. Esto se describe en lo que yo creo que es una séptima cosa que los adolescentes quieren decirles a sus padres (pero que no lo hacen): *Papá, por favor, sé mi entrenador.*

Papá, el entrenador de la familia

¿Qué es un entrenador y por qué usted debe ser uno para su hijo adolescente?

Un entrenador es alguien que guía y dirige, caminando junto a otra persona, no llevando a otra persona. Usted puede enseñar a sus hijos sobre la vida, pero el aprendizaje real se da cuando ellos tienen que aplicar lo que usted les enseñó. Eso es lo que los adolescentes están buscando, la oportunidad para experimentar la vida cuando usted ya los preparó para esto. Ellos quieren tener la seguridad de saber que usted está allí, no dirigiendo de forma detallada cada paso que dan, sino parado cerca, listo para aguantarlos en caso de que caigan. He aquí como algunos adolescentes me han explicado esta necesidad:

"Mi padre se quedó completamente helado mientras yo manejaba el otro día", dijo Brandon, de dieciséis años, de Wisconsin. "Él estaba seguro de que yo nunca había tenido el auto en marcha, pero lo estaba. Yo lo sabía y se lo dije. Desearía que pudiera relajarse más y que supiera que puedo hacer esto".

"Le escribí una carta a mi primo, porque mi tía y mi tío están atravesando un divorcio justo ahora", dijo Marianne, de diecisiete años, Pennsylvania. "Mi madre dijo que no debí hacerlo, que debía permanecer alejada de todo pero mi padre dijo que él sabía que yo podía manejar el asunto. Quería decirle a mi primo que todo iba a estar bien".

"Todos en mi grupo de jóvenes irán a México este verano en un viaje de misiones", dijo Joanna, de quince años, de Columbia Británica, "pero no puedo ir porque mi papá dice que es muy peligroso. No creo que lo sea, mi pastor de jóvenes lleva a varios muchachos allí cada año".

"Pasé el examen de inglés este semestre a pesar de que no estaba seguro de poder manejar todas las lecturas", dijo Mark, de dieciséis años, Illinois. "Mi padre dijo que estaría allí para ayudarme si lo necesitaba. Las clases fueron duras pero lo hice bien".

Padres, es posible que tengan un tiempo difícil pensando en ustedes mismos como entrenadores pero sus hijos adolescentes suelen relacionarlos con entrenadores, mentores y tutores, personas que los ayuden cuando ellos lo necesiten. Sus hijos adolescentes cuentan con esto para tener éxito.

Después que mi padre se graduara, permaneció allí como entrenador de fútbol antes de dirigirse a la escuela de aviación. Él dijo que una de las cosas más interesantes acerca del entrenamiento era que pasas alrededor de diez horas en el campo de práctica cada semana por cada juego de cuatro horas de duración. La mayoría del tiempo de entrenamiento es empleado en desarrollar tácticas de juego en contra de formaciones diferentes del oponente. Cuando llegaba el tiempo de entrenamiento, los jugadores ya habían experimentado un movimiento del oponente.

Mi padre dice que la crianza de los hijos es semejante a esto también. Cuando un niño se convierte en un adolescente, los padres comienzan a desempeñar su papel de entrenador. Durante los entrenamientos (cuando su hijo adolescente todavía está bajo su techo) un entrenador estará en el campo con los jugadores, dándoles una guía y atención individual. El hogar es el campo de entrenamiento. El padre, el entrenador, está allí observando, escuchando, dirigiendo, animando y corrigiendo.

Cuando un niño se convierte en un adolescente, los padres comienzan a desempeñar su papel de entrenador

Durante el tiempo de juego, los entrenadores se paran en las líneas laterales proporcionando ideas solo cuando los jugadores salen del campo. Mi padre dice que "el juego" es cuando los adolescentes dejan el hogar y van a la universidad, consiguen un trabajo, se casan o se mudan. Entonces, los adultos jóvenes serán forzados a aplicar lo que los padres les enseñaron. Ellos pueden también descubrir lo que no les enseñaron. Los padres necesitan emplear su tiempo de "entrenamiento" desarrollando y expandiendo los niveles de responsabilidad de un adolescente para que ellos puedan tener éxito como adultos independientes espiritual, emocional y socialmente en el juego de la vida.

Recientemente escuché a nuestro pastor decir que la Palabra de Dios *nos enseña* la voluntad de Dios pero que realmente *la aprendemos* cuando tenemos que aplicarla. Esto es lo que he entendido como la diferencia entre ser un maestro y un entrenador. Un maestro presenta los principios que guían nuestra vida, un entrenador nos ayuda a aplicarlos en la cotidianidad de la vida. Esto se convierte en algo muy importante durante la adolescencia cuando los jóvenes buscan sus propias identidades y las valoran. Cuando los adolescentes están en el apogeo del combate y la competición, necesitan más que una cabeza llena de conocimientos, ellos necesitan reflejos entrenados y experiencia de confianza. El buen entrenamiento hace exactamente eso.

Patadas de despeje, jugadas y formación de pase

Los adolescentes me cuentan que hay dos áreas principales en las cuales ellos buscan la ayuda de entrenamiento de sus padres: En las relaciones y las habilidades de la vida. Muchas cosas de la vida giran alrededor de las relaciones, es cómo nos relacionamos con las personas y cómo ellas, con nosotros. Las relaciones incluyen:

- Cómo tratamos al dependiente de la tienda de víveres cuando tenemos que pararnos detrás de la fila.
- Cómo hablamos a nuestro jefe si no estamos de acuerdo.
- Cómo nos comportamos con nuestros compañeros de cuarto en la universidad.
- Cómo seguimos el liderazgo de nuestro pastor.
- Qué buscamos en un mejor amigo.
- Con quién nos casaremos hasta la muerte.

Y muchas más.

El mejor amigo de mi hermana de diecisiete años actualmente es un muchacho. Es interesante escuchar a mi padre hablar con ella acerca de su amistad con él. Mi padre anima esta amistad, pues guía a mi hermana en lo que tiene que velar en sus conversaciones y acciones para así ayudarla a guardar su corazón. Mi padre quiere que todos nosotros aprendamos cómo tener amigos del sexo opuesto para que conozcamos la manera de separar las acciones físicas de los aspectos emocionales en una relación. Esperanzados, nos casaremos con una persona en nuestra vida pero seremos amigos de muchas más. La adolescencia es un campo de entrenamiento para conocer cómo tener esas amistades sin ataduras físicas.

> **La adolescencia es un campo de entrenamiento para conocer cómo tener esas amistades sin ataduras físicas**

Mi padre también quiere que tengamos amigos del sexo opuesto porque sabe cuán importante es la amistad sin un matrimonio. Él nos cuenta que si queremos su bendición cuando traigamos a casa a la persona con quien tenemos pensado casarnos, él solo hará dos preguntas: "¿Es él o ella un seguidor de Jesucristo? ¿Es él o ella tu mejor amigo?"

Un padre que yo respeto me contó que si un hombre tiene solo dos "mejores amigos" verdaderos en toda su vida, él debe considerarse a sí mismo bendecido. La simpatía —las acciones de ser encantador, amable, respetuoso, positivo y cortés— es el fundamento para casi todas las relaciones que existen. Mi padre me ayudó a ver que para ser un amigo, necesito ser agradable primero. Idealmente un amigo y yo debemos estar ligados igualmente en nuestra fe, debemos poner nuestros intereses por encima de los intereses propios y debemos darles tiempo y encontrar formas de divertirnos. No toda relación tendrá todas estas características pero como yo me relaciono con las

Para ser un entrenador deben estar activamente relacionados con la vida de su hijo adolescente

personas, comienza con quién soy y cuál es mi carácter.

Luego están las habilidades de la vida. Tuve un amigo llamado Brian. Lo amo, pero él no sabe cómo mantenerse económicamente cuando está solo. Siempre que salimos a un café o a un almuerzo, yo pago. Él lucha con la administración de su dinero, al punto que daña su vida social, me dice que es duro para él tener una cita, porque nunca puede darse el lujo de tener una. Cuando un padre entrena bien a su hijo adolescente, este aprenderá una ética de trabajo y unas habilidades de administración financieras fuertes.

Padres, sin esta guía mientras sus hijos adolescentes están bajo su techo, usted los está dejando que descubran estas cosas por sí mismos y los resultados no siempre son agradables. Una vez poco después de obtener mi licencia de conducción, estaba manejando y se me dañó un neumático. Mi padre me había entrenado en muchas cosas pero no me había enseñado aún cómo cambiar un neumático, así que, tomé el gato y me dispuse a hacerlo. Solo cuando bajé el auto y me paré a admirar mi obra noté que aquel neumático sobresalía, más que los demás, dieciocho centímetros. ¡Lo había colocado por el lado incorrecto!

O cocinando. No puedo decirle cuántos estudiantes universitarios conozco que no tienen ni idea acerca de cómo cocinar. Tuve un amigo que vive en un apartamento, solo eche una ojeada a su refrigerador y encontrará condimentos y refrescos. ¡Él debía pasar algún entrenamiento!

Consejos prácticos: El libro de juego de un entrenador

¿Qué se requiere para entrenar a un adolescente? Aquí están unas pocas sugerencias:

Proteja, primeramente, la relación

Escuché una historia contada por el escritor John Trent con respecto a su experiencia jugando fútbol. En el transcurso de un juego, su entrenador se enfureció tanto que lo sacó y lo tuvo sentado en el banco. Cuando John se quejó al jugador que estaba a su lado, este le dijo: "Bueno, al menos él sabe tu nombre; él no conoce, ni siquiera, que yo existo".

Padres, para ser un entrenador deben estar activamente relacionados con la vida de su hijo adolescente. Ningún padre olvida jamás el nombre de su hijo pero no es poco extraño para los hijos decirme que sus padres se han dado por vencidos con ellos.

A través de su cercanía y amistad con su hijo adolescente, la confianza mutua y el respeto, se desarrollará y crecerá su intimidad. Su relación involucrada con su hijo adolescente afectará la forma en que él o ella toman sus decisiones. Cuando la confianza y el respeto están presentes, la libertad es concedida, de esta forma un adolescente puede probar sus alas sabiendo que su padre está siempre allí para agarrarlo si él cae.

Ponga direcciones y pautas claras

Es importante durante el tiempo de "entrenamiento", proveer direcciones y límites de conducta. La vida tiene reglas, algunas de las cuales pueden sonar injustas a un adolescente pero realmente, las reglas nos proporcionan libertad. Cuando seguimos las señales del límite de velocidad todos podemos manejar en una carretera segura. Cuando llegamos al trabajo en tiempo, nos pagan por eso. Si los límites son violados, existen consecuencias. Los padres que establecen límites claros con sus hijos adolescentes me cuentan que ellos simplemente identifican qué pautas existen y por qué. Una vez que las pautas son situadas, comunicar las expectativas es la clave.

Por ejemplo, tuve un firme horario establecido para llegar a casa cuando era un adolescente pero, de otra manera, también esto era flexible cuando llamaba a casa. Dije que iba a un concierto con algunos amigos. Mis padres sabían a qué hora este terminaba, si yo iba a ir por algo que comer después del mismo y a qué hora, razonablemente, debía llegar a casa. Nosotros nos poníamos de acuerdo en cuanto al permiso. Mi papel era llegar a casa a la hora acordada. Si algo surgía y yo iba a estar fuera más de lo previsto, existía una expectación de que yo llamara a casa si no iba a llegar a la hora acordada. Mi padre podía estar de acuerdo y alargar el permiso o podía decirme que necesitaba llegar a casa a la hora acordada.

Mi padre me entrenó de esta manera para tener varias habilidades en la vida. Nosotros podíamos estar haciendo un proyecto alrededor de la casa, por ejemplo, y él me pedía que fuese a la tienda a comprar una nueva pieza de cristal para un cuadro pero cuál sería. Tenía que descubrir cuál era la tienda correcta, el tamaño del cristal que necesitábamos, qué tipo de cristal comprar y poner el marco, todo esto junto. Luego de salir airoso en tareas más pequeñas, mi padre me encomendaba unas más complicadas, tales como: De qué forma encontrar un buen auto de uso y negociar un precio justo. Él sabía que yo tendría que hacer esto de todas formas, una vez que me mudara, así que, sabiamente, me dejó practicar esto mientras estaba conmigo.

Permítale fallar a su hijo adolescente

Los padres me cuentan que permitirle a un adolescente que falle puede ser una de las más difíciles pero mejores lecciones que un muchacho jamás entenderá.

> **Permitirle a un adolescente que falle puede ser una de las más difíciles pero mejores lecciones que un muchacho jamás entenderá**

Cuando tenía diecisiete años estuve relacionado con la creación de grupos de oración en escuelas secundarias públicas por todo el estado de Colorado. Aquel año además creé una organización dirigida por estudiantes y sin fines de lucro que llevaba a cabo concentraciones juveniles por todo el país. Nuestro equipo de estudiantes creó una junta directiva para la organización y algunos hombres de negocios muy destacados estaban en ella. Después que tuvieran lugar los tiroteos en Columbine, nuestro grupo recibió tantos pedidos para hablar en los medios de comunicación que quedamos abrumados; los miembros de la junta directiva y todos en general. Un problema fue que mi confianza en mí mismo fortaleció excesivamente mi falta de experiencia en el liderazgo de un equipo y en la gestión de una organización sin fines de lucro. Muy a menudo lideré con seguridad propia y no con un consejo sabio. El resultado fue que el equipo se disolvió dos años después. Tengo responsabilidad por ese fracaso pero estoy muy agradecido porque me permitieron fallar. Aprendí lecciones increíbles que ahora me guían años después. Estas lecciones son cruciales para un grupo de trabajo similar hoy día cuando creamos un ministerio de jóvenes que ofrecía cruzadas evangelísticas por toda la nación.

Mantenga la meta de la independencia en su mente

Mi padre dice que una de las cosas más difíciles que él encuentra en la crianza de los hijos es tratar de hallar un terreno medio entre controlar y entrenar. Él dice

Tratar de hallar un terreno medio entre controlar y entrenar

que, a menudo, quiere recoger el sedal de sus hijos y protegerlos del mundo. Él sabe que lo necesitamos. Todos nosotros queremos a alguien en nuestras vidas que siempre cuide de nuestros mejores intereses, que vele por nosotros y que nos ame incondicionalmente, como nuestro Padre celestial pero como nuestro Padre celestial, mi padre se propuso no controlarnos, sino guiarnos a través de sus palabras, oración y consejo.

Realmente, mi padre y yo queremos la misma cosa. Ambos deseamos ser independientes. Queremos ser capaces de manejar la libertad con autodisciplina y responsabilidad. Él dice que es un secreto el mantener una relación cercana mientras sus hijos aprenden a manejar la independencia: Criarlos de forma tal que puedan equilibrar sus momentos de libertad con sus demostraciones de responsabilidad.

¿Cómo funciona este trabajo? En mi último año de la enseñanza media le pregunté a mi padre si podía hacer un viaje con otro muchacho y tres muchachas. (Me gustaron las posibilidades.)

Muchos de los padres de mis amigos hubieran estado impresionados si sus hijos adolescentes les hubiesen preguntado si podían ir pero mi padre sabía que la libertad y la responsabilidad van de la mano. Él y yo trazamos un plan para quedarnos en las casas de amigos y familiares a lo largo del camino, así que mis amigos y yo nos fuimos, ¡y tuvimos un grandioso tiempo! Nuestros padres confiaron en nosotros y respetaron nuestro criterio. A su vez, nuestro respeto por ellos creció también.

Solo recuéstese

Nuestro padre fue jefe de una tropa cuando mi hermano y yo estábamos en los Exploradores. Una vez, todos fuimos a escalar juntos. Recuerdo que me paré en la cima de una pendiente de más de doce metros, bien atado y listo para descender. El guía dijo: "Solo apóyate sobre el borde de la roca" ¡Está hablando de hacer algo fuera de lo común! Mi padre me contó luego que, como padre, él se sintió así algunas veces. Él se puso, intencionalmente, en situaciones en las que ya no tenía el control directo sobre las decisiones de sus hijos. Me contó, tiempo después experimentó eso como padre algunas veces. Tenía que confiar en la cuerda y en la habilidad del guía.

A veces el padre se refiere a los adolescentes como *pequeños niños reciclados*. Debe, obviamente, conocer que los adolescentes están más desarrollados que como lo estaban cuando tenían entre uno o dos años pero como niños pequeños, ellos, a menudo, quieren tomar todas las enseñanzas de un padre y probarlas por sí mismos. El papel de un padre en este punto es el de dar la libertad que el adolescente quiere, junto con la guía que este también necesita.

¿Cómo puede usted convertirse en el entrenador más grande que su hijo adolescente jamás conocerá? Solo recuéstese y mire por encima de la repisa.

PADRES EN ACCIÓN

Una lista de verificación para el capítulo "Por favor, sé mi entrenador"

✔ Un entrenador guía y dirige desde un costado.

✔ El hogar es el campo de entrenamiento más importante de su hijo adolescente.

✔ Los entrenadores ayudan a los jugadores a aplicar lo que ellos saben.

✔ ¿Qué habilidades de la vida práctica pudiera usted trasmitirle a su hijo adolescente hoy?

✔ ¿Está usted claro de cómo es una "victoria"?

✔ Puede que necesite permitirle a su hijo adolescente que falle.

8

La **búsqueda** del yo perdido

"Papá, por favor, ayúdame a entender quién soy"

Creo que fue el día después de mi decimoquinto cumpleaños cuando quemé todas mis ropas. Sí, hice una gran fogata en el césped que está al frente de la casa y bailé alrededor de ella en calzoncillos con los vecinos mirándome. Bueno, no pasó realmente pero pudo haber pasado también.

Cuando era joven me vestía como mi padre: Camisas con cuello de botones en azul, pantalones color caqui, básicamente, prendas de vestir norteamericanas pero en algún momento, cuando tenía quince años todo eso cambió. Toda mi ropa vieja se gastó, quemada en el césped del frente de mi casa, por así decirlo. Tenía que ser yo.

¿Quién era yo? El estilo *punk* chocando con el de los años 20, la nueva apariencia se llamó: "*Ska*". Las camisetas Vintage estaban de moda, así que me las compré también. Estaban de moda, los trajes grandes y bombachos. Vestir tirantes con cintos y pulsos llenos de púas hacían una extraña combinación, pero mis amigos y yo los ostentábamos de todas maneras. Hurgábamos en tiendas de artículos de segunda mano y comprábamos mocasines de ancianos. Pintábamos los zapatos con diseños de tableros de damas en blanco y negro.

Perfecto, eso creía yo. Mi padre solo me miraba fijamente y sacudía su cabeza. Lo que me pasó no es diferente de lo que la mayoría de los adolescentes experimenta, aunque los estilos y las modas pueden cambiar con las temporadas y dependen de en qué parte del país vivan los chicos. Simplemente yo sentía aquel deseo antiquísimo de desatarme de mis padres y experimentar la vida solo. Vestir de la forma que quisiera constituyó una enorme parte de eso. Escuchar mi propia música, también jugó su parte. Convertirme en mi propia persona fue algo acerca de lo que nunca consulté con mis padres primero, solo ocurrió así nada más.

Generalmente, mi padre pasaba por alto mi gusto en el vestir y en la música pero una noche cuando salí, traspasé los límites que mi padre me impuso. A la mañana siguiente, tuvimos una reunión familiar en la sala. Recuerdo que me senté con la quijada a medio abrir y con los ojos vidriosos. Mi padre presionó y presionó para averiguar por qué había ido en contra de su consejo. Parecía que toda mi respuesta era: "No sé".

Ahora que miro hacia atrás, sé exactamente lo que estaba haciendo. No tolero la conducta que huele a falta de respeto como la de aquella noche pero mis acciones entonces, eran simplemente parte del escenario en el cual estaba. Era mi forma de hacerle saber a mi padre que estaba tratando de descubrir quién era.

El adolescente en el espejo

Buscar la respuesta a la pregunta de la identidad puede ser la última búsqueda para cualquier joven. En estos seis últimos años de mis viajes alrededor de los Estados Unidos, este anhelo de identidad es uno de los más fuertes gritos que escucho. Los adolescentes quieren saber que ellos tienen un propósito y un lugar en este mundo. Quieren saber que pueden ser la persona en la que se están convirtiendo y, aún, ser aceptados.

Más de una vez cuando era un adolescente, miré dentro de mis ojos en el espejo y me presionaba fuertemente para reconocerme a mí mismo. Muchos cambios sucedieron muy rápido y a través de todos ellos había una batalla para conocer lo que era "real". Los adolescentes que conozco me cuentan que ellos miran fijamente en sus espejos también. A veces el rostro que los mira les dice buenas cosas pero a menudo, el rostro les susurra mentiras. Se les dice a los adolescentes que ellos son feos, estúpidos o que son un fracaso. Lo que sea que les digan, la mayor pregunta que los adolescentes susurran a sus reflexiones es:

Había una batalla para conocer lo que era "real"

"¿Quién eres?"

Para la mayoría de los jóvenes, la mayor parte de las decisiones cruciales en sus vidas son hechas entre las edades de quince a veinticinco años. Elegirán una universidad o un oficio, una carrera, quizá un cónyuge y si confiarán en un Salvador o no por la eternidad. Descubrirán el estilo de su personalidad, sus fuerzas y limitaciones, sus tendencias y hábitos. Probablemente pondrán

A veces los adolescentes quieren distanciarse para descubrir cosas por sí mismos

a prueba diferentes personalidades, tratando de descubrir, todo el tiempo, lo que significa ser ellos.

Padres, ayudar a un adolescente a responder estas preguntas no es fácil. A veces los adolescentes quieren distanciarse para descubrir cosas por sí mismos. A veces ellos necesitan una mano para tomar decisiones. Los adolescentes me cuentan que es, generalmente, un poco de ambas cosas pero si es desde una distancia o muy cerca, los adolescentes me cuentan que aprecian la ayuda de sus padres. Mientras los adolescentes toman estas decisiones de formación que moldean sus vidas así como a su identidad, los padres pueden ser timones que los guíen a través de los mares abiertos de la vida. Creo que la cosa final que los adolescentes quieren decir a sus padres (pero que no lo hacen) es esta: *"Papá, ayúdame a descubrir quién soy"*.

Esa gran pregunta de identidad, por lo general, esconde otras preguntas urgentes:

"¿Qué debo hacer después?"

"¿Cómo debo planificar mi vida?"

"¿Sobre qué creencias esenciales debo edificar mi vida?"

"¿Tengo un futuro?"

He aquí lo que he escuchado decir a los adolescentes:

"No completamente segura a qué universidad iré el próximo año", dijo Natalie, de dieciocho años, California. "Todo lo que sé es que quiero marcharme de mi casa por un tiempo".

"Decidí dejar la banda este año, y a su vez, tomar clases de arte", dijo Nathaniel, de quince años, Colorado. "Mi profesor de banda me pedía que no lo hiciera pero yo no quiero malgastar toda esa energía haciendo algo que no quiero hacer".

"Hay dos muchachos del último año en mi grupo de jóvenes que son realmente geniales", dijo Stacey, de catorce años, de Michigan. "Uno de ellos es totalmente alto y extrovertido, el otro es algo así como robusto y tranquilo. No sé a cuál de los dos me quisiera parecer más".

"Me tomé este año libre después de la graduación", dijo Robert, de diecinueve años, California. "Sé que he tenido que hacer algún dinero antes de hacer algo. Mis padres quieren que lo haga yo solo pero es muy difícil. Estoy viviendo en un motel y mi auto necesita reparación. No sé cómo reuniré lo suficiente para ir a la escuela".

"Quiero ir a trabajar al campamento este verano, pero mi padre dijo que en vez de eso, necesito trabajar en algún restaurante de comida rápida", dijo Vince, de dieciséis años, Maryland. "¿Cómo puedo hacerle saber que trabajar en el campamento también es trabajo? Aprenderé muchas cosas allí y llevar niños a Cristo es totalmente importante. Esa es la clase de cosas con las cuales quisiera estar relacionado".

"No sé si Alex es el muchacho correcto para mí o no", dice Elisa, de diecisiete años, de Nebraska. "Ya me ha pedido que me case con él después que nos graduemos pero creo que, primero, quiero conseguir un apartamento en la ciudad con algunas amigas".

El invernadero en casa

En los seminarios que imparte mi padre sobre la crianza de los hijos, él habla acerca de cómo los adolescentes a menudo se pueden ver a sí mismos a través de los ojos de los demás. Como los adolescentes creen que alguien los ve, puede determinar la manera en que ellos se ven a sí mismos. Aquí es donde un padre debe intervenir y asegurarse que los adolescentes son animados a ser la persona que Dios ha diseñado que sean. El carácter y la identidad de un adolescente, finalmente, están formados en Cristo. Los padres pueden ser fuertes ayudadores en llevar esta idea a casa. Esto funciona sobre el nivel de la personalidad y también para el camino a una carrera. Recuerdo que le hablé a mi padre con algunos de mis amigos cuando éramos adolescentes. El tema de nuestra conversación era básicamente: *"Todos estamos muy agobiados por las oportunidades que se presentan ante nosotros"*. ¿No resume esto mucho de lo que los adolescentes sienten con ambas cosas: Quiénes son y en quiénes se deben convertir?

Todos estamos muy agobiados por las oportunidades que se presentan ante nosotros

Los padres que yo respeto dicen que mientras sus hijos adolescentes están todavía debajo de su techo, están en un lugar ideal para que crezca su identidad; una especie de invernadero, si se quiere. Piense acerca de lo que un invernadero hace: Es un lugar de alguna extensión, seguro, protegido y refugiado, pues es también un lugar de propósito. Piense que en el invernadero, se ayudan a las plantas a ser fuertes y capaces de resistir presiones fuera de este. Como un padre, usted puede ayudar a su hijo adolescente a encontrar las respuestas a las preguntas de su identidad estando, la mayoría de su tiempo, en el invernadero. Los padres dicen que esto se lleva a cabo de una mejor manera permitiéndoles explorar diferentes pasiones para el futuro, desarrollar el carácter en el presente y comprender la importancia de su pasado.

¡La identidad no tiene que ser un misterio! Una de las metas de mi padre con nosotros sus hijos es ayudarnos a comprender la esperanza hallada en Jeremías 29:11: Que Dios conoce los planes que tiene para cada uno de nosotros. Parte de la respuesta a nuestras identidades llega cuando comprendemos nuestros dones, habilidades, tendencias, intereses así como los caminos y propósitos que Dios extiende delante de nosotros. Mi padre nos ayuda colectando tantas piezas del rompecabezas como sea posible para que podamos hacer elecciones sabias. Nos ha animado a hacer encuestas y valoraciones acerca de la carrera que queremos a través de inventarios de dones escolares y espirituales disponibles en la iglesia. El asunto es ayudarnos a unir los puntos entre nuestros dones espirituales, talentos físicos, personalidades e intereses en alguna carrera profesional.

Por ejemplo, mi hermano Jake descubrió que es un buen animador, también es sabio, así que mi padre le ha ayudado en su deseo de ser un psicólogo infantil. A mi hermana Janae realmente le gusta cuidar a las personas, así que mi padre la ha animado para que siga su interés en la enfermería. Mis intereses son la teología y la oratoria, así que estoy en el Instituto Bíblico Moody estudiando para ser un pastor mientras continúo con mi oratoria. He notado que las evaluaciones provocan grandes conversaciones con mi padre, así como animan la introspección y la dirección en mí. Herramientas tales como estas, ayudan a los padres a invertir en el futuro de un adolescente. Es una parte del proceso de ayudar a sus hijos adolescentes a descubrir quiénes son.

El extraño camino del amor de Dios

Padres, aunque la identidad no es un misterio, probablemente notará que el camino puede ser ventoso y tener mucha niebla cuando su hijo adolescente emerge en su entendimiento de identidad. Esto puede suceder con la mejor guía disponible. A veces, envidio a los chicos que dicen desde que tienen tres años: "Voy a ser arquitecto cuando crezca" y luego toman la línea más directa que lleva a esa dirección cuando crecen pero es rara la persona que hace eso. Los padres que respeto dicen que no es común saltar de interés en interés, de lugar en lugar, incluso, de carrera en carrera, antes de que entendamos completamente la extraña ruta a la que el amor de Dios nos está llevando. Muchas veces en la vida pasamos por experiencias donde decimos: "¡Vaya!, nunca planifiqué eso", pero pasa. Creo que hay más que decir con respecto a permitirle a Dios escribir una historia de nuestra vida. Cuando confiamos completamente en Él como un buen padre y sabemos que Él cuida de nosotros, es mucho más fácil someternos al plan que tiene para nuestra vida ¿Qué significa para Dios escribir la historia de nuestra vida? ¿Significa que nunca debemos tomar la iniciativa? En lo absoluto pero esto significa que oremos mucho y busquemos la guía de Dios. Por su mano podemos ver a través de la niebla y circunstancias inesperadas a un Dios que está detrás de todo. Creo que existen, al menos, tres elementos esenciales para que un adolescente rinda la formación de su identidad a Cristo:

1. *Saber que Dios tiene el control.*

Cuando los adolescentes le dan su fe a Cristo, le están entregando la pluma de su vida a Dios. Él es ahora el autor de la historia. Dios es un Dios de resultados y Él tiene el producto final en mente. Romanos 8:28 dice que Dios trabaja en todas las cosas para el bien de aquellos que le aman. Cuando creemos que los adolescentes entienden esta parte de sus nuevas vidas en Cristo, ellos saben que cada día tiene un propósito y que el contenido de sus vidas proviene del mismo Creador de sus almas. ¿Cómo ayuda el conocer que Dios tiene el control? Piense acerca de todas las cosas en la vida de un adolescente, él o ella, que no tienen bajo control...

- Si muere un abuelo de un adolescente, Dios tiene el control.
- Si se divorcian los padres de un adolescente, Dios todavía tiene el control.
- Si se transfiere a una adolescente de escuela en medio de su último año, Dios sabe a dónde ella va.
- Si un adolescente queda paralizado producto de un accidente automovilístico, Dios permitió que pasara por alguna razón.
- Si matan al amigo de un adolescente en un tiroteo horrendo en la escuela ¡Dios todavía tiene el control!

2. Saber que Jesús borra los errores.

No puedo decir el número de adolescentes quienes me cuentan que ellos creen que Dios no los puede amar porque han desordenado su vida. Están seguros de que, por causa de algunos errores en el pasado, Dios los ha borrado de su favor. Así que, ¿por qué orar entonces si Dios cree que soy un fracasado?, dicen ellos. Cuando los adolescentes me hablan de esa forma, les recuerdo que el pecado es una enfermedad fatal pero que no es incurable. Se nos prometió libertad y vida a través de la sangre de Cristo. Todos los adolescentes tendrán errores en las páginas de su vida que querrán poder borrar pero la solución no está en vivir en ellos o pensar que la vida está arruinada, la solución es la confesión. En 1 Juan 1:9 dice que si confesamos nuestros pecados, Dios es fiel y justo para perdonarnos y limpiarnos de toda maldad.

Ellos creen que Dios no los puede amar porque han desordenado su vida

Padres, ustedes pueden ayudar a sus adolescentes a comprender que los errores en sus historias desaparecieron cuando ellos tengan su fe en Cristo y pidan su perdón. Las únicas marcas se encuentran en la cruz; en las manos y pies de Jesús. Allí, nuestro pecado fue borrado para siempre.

3. Saber que Dios tiene el dominio del final de nuestra historia.

A veces oigo de adolescentes que tienen trabajos de media jornada que no pueden soportar. Generalmente, ellos simplemente necesitan recordar que toda gran carrera requerirá de varios trabajos en el camino y muchos de ellos pueden no disfrutarlos. Pero también en broma les digo, que lo que ellos realmente anhelan es ser jardineros. Si no fuera por el pecado de Adán y Eva, todavía estaríamos en el Edén, ¡cuidando de las mejores plantas en el paraíso!

El paraíso es el lugar para el que fuimos creados. Como creyentes en Cristo, sabemos que nuestras vidas diarias son un medio para llegar al final. Somos peregrinos en esta tierra. Esperamos ir a casa. Una identidad puede ser modificada cuando los ojos de un adolescente son dirigidos para ver esta esperanza. No vivimos para este mundo, sino que esperamos ir a casa y estar con nuestro Padre.

Su poder como padre

Actualmente tengo veintitrés años y todavía no sé exactamente quién soy o lo que estaré haciendo el resto de mi vida pero mi identidad está segura, mi destino está en Cristo y Él no falla. Mi padre ha sido mi mayor animador en todos estos últimos años, ayudándome y aprendiendo eso. Él me ayudó a examinar cuidadosamente lo que he pensado acerca de mí mismo o lo que he imaginado que otros están diciendo de mí. Lo mejor de todo, él me ayudó a comprender la verdad de lo que Dios piensa de mí.

Padres, sé que pueden hacer lo mismo por sus hijos adolescentes. Estén con ellos cuando estos hagan preguntas y cuando estén callados. Ayúdenlos a pensar cuidadosamente todo lo que ellos pueden y esperan llegar a ser. Ayúdenlos a callar las mentiras y gritar las verdades acerca de sí mismos, porque no importa la confusión que ellos sienten ahora, fueron puestos en esta tierra por una buena e importante razón y en Cristo ellos *sí* tienen un futuro asombroso.

PADRES EN ACCIÓN

Una lista de verificación para el capítulo "Ayúdame a entender quién soy"

✔ La mayoría de los adolescentes prueban identidades como si fueran ropas (¡trate de no dejarse llevar por el pánico!)

✔ Los buenos padres ayudan a sus hijos adolescentes a unir los puntos (entre sus habilidades, pasiones, personalidades y oportunidades).

✔ Los errores no son el final de una historia.

✔ Dios tiene el control y ¡Él es bueno!

Epílogo:

El regalo más **grande** de un padre

Deje todo por un momento y solo permítame explicar lo que es más fuerte en mi corazón. Si le pudiera decir algo, sería esto: *Padres, por favor, enséñenle a su hijo adolescente el camino a Dios.* Con mucho, la mayor influencia en mi vida espiritual ha sido la demostración abierta de mi padre de vivir sus valores y creencias frente a mí. Sé muy claramente que mi padre ama al Señor. Él sigue a Jesucristo con todo su corazón. Desea servir a Dios y caminar en sus caminos. ¡No podría decirle la influencia que esto tiene sobre mí en estos momentos y la que ha tenido mientras crecía!

> **Ellos** quieren ver a sus padres viviendo para el Señor

Los adolescentes me cuentan una y otra vez que cuando esta influencia llega a su fe, ellos quieren ver a sus padres viviendo para el Señor. Algunos padres se llaman a sí mismos creyentes pero difícilmente hablan acerca de su fe, sus juicios y triunfos, o demuestran su amor y compromiso para Dios aparte de ir a la iglesia. Otros son rápidos para dejar a sus hijos en actividades juveniles, o en dar dinero para enviarlos a campamentos pero son incapaces de ejemplificar lo que es una relación personal con Cristo en sus vidas.

Otros padres que conozco están teniendo éxito en esta área. Ellos pueden hablar acerca de su lucha con el silencio de Dios, así como de su fuerza proveniente de Él, fuera de su tiempo de quietud en la Palabra de Dios y en la oración. Ellos preguntan a sus hijos adolescentes lo que ellos están atravesando espiritualmente, o sobre una batalla o una decisión que tengan que hacer, o sobre lo que Dios les está diciendo. Estos son los padres que preguntan a sus hijos adolescentes, cosas como: ¿Has orado ya? ¿Qué parte de la Biblia estás leyendo ahora? ¿Cómo estás creciendo en tu relación con Cristo? Estos son los padres que oran por sus hijos adolescentes con pasión y ardor. Estos son los padres que saben que ellos necesitan de Cristo en sus vidas tal y como necesitan el próximo aliento para respirar.

El regalo más grande de un padre

Una vez mi padre me invitó a asistir a un compromiso de oratoria con él. Él quería que respondiera la pregunta: "¿Por qué los adolescentes *no* aceptan a Cristo?" Encontré tres razones que surgieron de conversaciones con adolescentes. Primero, los padres necesitan mostrar que Dios es real. Segundo, los padres necesitan mostrar que Dios es relevante. Tercero, los padres necesitan decir y hacer lo mismo, ellos no pueden ser hipócritas en su fe.

Mi padre consolidó mi charla aquel día animando a los

hombres en aquella sala a ser modelos del amor y gracia de Cristo para sus hijos adolescentes. "La vida de un padre debe reflejar tanto su compromiso con el Señor, que sus hijos adolescentes quieran lo mismo para sus vidas", dijo. Muchos hombres relegan su fe a las mañanas de los domingos solamente pero los adolescentes no deben ver ninguna diferencia entre la mañana del domingo y el resto de la semana. Padres, por favor, sean hombres de integridad. Los dos mandamientos más grandes son amar al Señor con todo su corazón, con toda su mente y con toda su alma y amar a su prójimo como a usted mismo. Dios debe ser nuestro propósito y pasión. Nuestras vidas necesitan reflejar eso.

Sus hijos adolescentes lo aman y quieren que usted esté en sus vidas. Ellos quieren que usted les muestre todo lo que es bueno, santo, justo y puro. Ellos quieren su presencia, su ánimo, su tiempo y su amor. Todo esto está en su poder para dar y la mejor cosa que usted pudiera jamás hacer por ellos, es ayudarlos a encontrar el camino hacia Dios. No existe otro regalo más grande que un padre pueda dar. Estoy agradecido por lo que están haciendo hoy para invertir en sus hijos y en la próxima generación y estoy seguro de que con la gracia de Dios y su poder, aún grandes cosas les esperan por delante a usted y a su hijo adolescente.

¡Dios les bendiga!

—Josh

Gracias a...

Bill Savier, por ayudarme una y otra vez.

Verna Pauls, por alojarme tan cálidamente.

David Kopp, por entrenarme con tanto cuidado.

Marcus Brotherton, por hablarme tan elocuentemente.

Don Jacobson, por creer en mí.

Doug Gabbert, por dedicarse a mí pacientemente.

Mi familia, por animarme incesantemente.

Molly, Maureen y a Jim, por amarme y orar por mí.

La Iglesia de Elmbrook, por escucharme.

El personal de Multnomah, por asociarse conmigo apasionadamente.

Este mensaje no hubiera salido sin la ayuda de todos ¡Gracias!

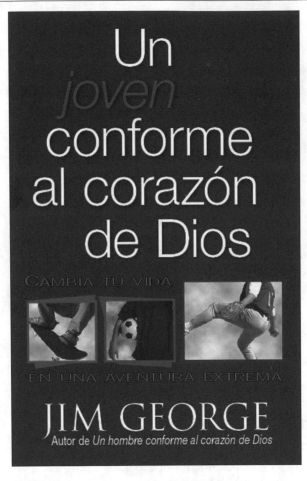

Un joven conforme al corazón de Dios

Jim George

Los jóvenes van a descubrir principios bíblicos que abrirán el camino hacia una vida piadosa. Ayuda a los jóvenes a convertirse en hombres que honran a Dios en todo lo que hacen. Una herramienta para la escuela dominical, grupos de estudio bíblico de jóvenes o para todo joven lector interesado en crecer en su vida espiritual.

ISBN 978-0-8254-1260-8 / 208 páginas / rústica

Guillermo D. Taylor
Sergio E. Mijangos, Psy.D.
PRÓLOGO DE EMILIO A. NÚÑEZ

La familia
Auténticamente
cristiana

La familia auténticamente cristiana

Sergio Mijangos y Guillermo Taylor

Este conocido libro para las familias cristianas trata, entre otros asuntos, el papel del hombre y la mujer en el hogar, la sexualidad y las finanzas. Con un estilo ameno y a veces emotivo, los autores muestran lo que significa ser una familia que lucha por integrar los valores bíblicos dentro de la realidad familiar.

ISBN 978-0-8254-1702-3 / 224 páginas / rústica

Disponible en su librería cristiana favorita o en la internet: www.portavoz.com

PORTAVOZ
Libros relacionados con el tema

Cómo ser padres cristianos exitosos

John MacArthur

El conocido pastor y maestro MacArthur presenta de una manera clara y lógica cómo criar a los hijos según el camino de Dios.

ISBN 978-0-8254-1492-3 / 224 páginas / rústica

Disponible en su librería cristiana favorita o en la internet: www.portavoz.com